JN256254

A4

A4 または麻原・オウムへの新たな視点

森達也
深山織枝
早坂武禮

現代書館

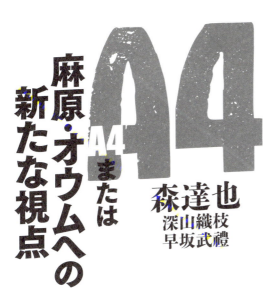

A4 または麻原・オウムへの新たな視点＊目次

はじめに

二〇一二年五月、「NHKスペシャル未解決事件 file 02　オウム真理教」が放送された。まずは二十六日に「オウム真理教～17年目の真実」のサブタイトルでドラマ・パートが、そして翌二十七日には「オウムvs.警察　知られざる攻防」のサブタイトルでドキュメンタリー・パートがオンエアされて、同一テーマで二夜連続という破格の扱いが大きな話題になった。

番組ウェブサイトは、いまもネットでチェックすることができる。そこに記載されたドラマ・パートのあらすじを、少し長いが以下に引用する。

「なぜオウム真理教は暴走したのか…」。

事件発生時から取材を続けてきたNHK記者・片桐高太郎（萩原聖人）は、教団初期からの古参幹部で、これまでメディアの取材を受けていなかった深山織枝（富樫真）の存在を知る。織枝の夫で元信者の早坂武禮（羽場裕一）を通じ取材を始めた片桐。織枝は、バブル時代、デザイナーとしての仕事に違和感を抱き、教団の前身であるヨガ・サークルに参加した時のことから少しずつ話し始めた。

カネや物欲にまみれた現世を否定し、魂の救済を掲げる麻原彰晃の言葉に惹かれ、すべてを投げ打って出家した織枝。家族的な教団内での生活や、激しい修行に充実感を得る日々。

しかし、教団はやがて変質しはじめる。宗教法人となり、信者獲得を至上命題に掲げ「大企業化」していく教団。そうした時期に起きた、ある「事件」。それを隠蔽したことが、教団内に「闇」を生み、教団内の「殺害事件」という一線を超えるきっかけとなっていく…。

七百本の内部テープを入手した片桐は、最初の「信者殺害事件」の直後、麻原が幹部向けに行った説法を発見する。魂を救済するためと称し殺人をも肯定する内容。それは織枝自身にも聞き覚えのある内容だった。

暴走し始めた教団の牙はやがて外部へと向けられる。坂本弁護士一家殺害事件。松本サリン事件。そして地下鉄サリン事件。一部の幹部たち以外には秘密裏に進められた武装化。

織枝は教団の「闇」に気付き、詮索し始める。しかし、「闇」を知った事で、織枝を待ち受けていたのは衝撃的な結末だった…。

このあらすじの後に、ドラマ・パートの監督である池添博は、以下のようなコメントを寄せている。

（前略）今回は、ＮＨＫ記者たちの粘りの取材で発掘された得難い主人公を見つけることができた。

『オウム真理教』の古参信者である『オウム神仙の会』（オウム真理教の前身）からの信者で、「松本サリン地下鉄サリン事件」後に脱会したいままであまり知られていない人物だ。

前回の『グリコ森永事件』では事件記者の目線でドラマ部分を演出したが、『オウム真理教事件』では、この元信者を主人公として、彼女の目線でオウム真理教という集団がなぜ凶悪な犯罪を次々起こしていくことになったのかを内部から事実に基づき忠実に描いていくことになった。そこで苦労したのが、普通のドラマ演出とは違い、主人公の感情を通して『オウム真理教』の犯罪を正当化するように受け取られてはいけないという事だった。「松本サリン事件」「地下鉄サリン事件」など、一連の『オウム真理教』事件で被害にあわれた方々やその家族の方々に十分配慮しなければならないという思いだった。

率直に書けば、読み終えて違和感が残った。「犯罪を正当化するように受け取られてはいけない」「被害にあわれた方々やその家族の方々に十分配慮しなければならない」と池添は書いているが、誰が考えるまでもなくそんなことは当たり前だ。なぜこうしたエクスキューズを示さねばならないと、池添は考えたのか。

推測だが、ドラマを作る過程で事件やオウムに新たな角度から光を当てる行為そのものが、視聴者からの「オウムを擁護するのか」「犯罪を正当化するのか」などの批判に直結する可能性があると、撮影を続けながら池添は思ったのだろう。だからこそ「正当化してはいけない」ではなく「正当化するように受け取られてはいけない」なのだ。

コップは下から見れば丸い形だが、真横から見れば長方形だ。どこから見るかでまったく変わる。現実社会における現象や事象のほとんどは、コップよりもはるかに複雑だ。多重的で多面的で多層的だ。視点を変えれば景色が変わる。どこから見るかで違った景色が現れる。事件時にオウム内部にいた信者の視点や思いをフィルターにしてドラマを撮りながら、その新しい光景に、池添は相当に戸惑ったのだと思う。予期していたことではあっても、その新たな光景は、日本社会がオウムに対して抱く「オウムは絶対的な悪である」という前提に抵触する可能性がある。だからこそエクスキューズが必要だと考えた。

もちろん、できるかぎりの配慮は当然だ。特にテレビは映画や書籍と違い、不特定多数の人が視聴する。全方位的に配慮することは当然だ。池添を批判するつもりはまったくない。僕がもしこのドラマの監督だったとしても、同じことを思ったはずだし宣言しなくてはいけないと考えた可能性は高い。それは認めながらも、これだけは書いておきたい。このエクスキューズには、日本社会におけるオウムへの硬直した視点が、とても端的に現れている。そしてこの視点こそが、ポストオウムにおいて日本社会が急激に変質した最大の要因だ。

「NHKスペシャル未解決事件」ウェブサイトのフロントページは、**「その「闇」に光を当て、後世への教訓を導きたい」**と締められている。新たな闇を見つけるためには、新たな角度の光が必要だ。でもその角度が、「オウムは絶対的な悪である」との大前提に抵触する可能性があるならば、それは相当に難しい。特にマスメディアにおいて、その委縮はずっと続いている。

この企画を、最初に局内会議で提案した小口拓朗ディレクターとは旧知の間柄だ。番組を視聴してから小口の仲介で、メイン・キャストである深山織枝と早坂武禮のモデルとなった二人の元信者に、僕は会うことができた。いろいろ聞いた。いろいろ話した。そのときの対話の一部は、この年に文庫化された『A3』に、文庫用のエピローグとして掲載した。

でも一部だ。ページ数の関係で相当割愛した。それがずっと気になっていた。

地下鉄サリン事件から二十年が過ぎた二〇一五年三月、僕はイギリスに向かった。オックスフォード、マンチェスター、シェフィールド、エジンバラの各大学で『A』や『A2』の上映が行われ、さらに各大学の宗教学の教授などが集結したシンポジウムに参加するためだ。

本来なら二十年の節目に日本の大学や研究機関などで、こうした催しが行われるべきだ。だって日本で起きた事件なのだ。でも日本では行われない。なぜなら「オウムは絶対的な悪である」との大前提に、組織アカデミズムも屈しているからだ。絶対的ならば研究する余地などない。下手に触れないほうがいいとの保身の意識も働いていると思う。要するにオウムについて、絶対的な悪以外の視点を提供することは、この国ではほぼタブーなのだ。

シンポジウムではいくつか印象深い体験があった。ひとつだけ記す。マンチェスター大学で学生や研究者たちが参加したシンポジウムが行われたとき、一人の学生が手を挙げて発言を求めた。彼が「オウムのようなカルト」と僕に質問しかけたとき、壇上で隣に座っていた宗教学者のイアン・リーダーがマイクを摑み、「カルトという言葉を安易に使うべきではない」と激しく怒ったことだ。

本来のカルトの意味は「集団の熱狂」だ。しかし特定の信仰集団にカルトという負の名称を安易に嵌めることは、絶対的な悪であると措定することになる。それは思考の停止を意味する。イアンはおおむねそのようなことを言った。この時期のイギリスは、まさしく宗教カルトであるＩＳの脅威と、そのＩＳの外国人兵士の多くがイギリス出身であることで、激しく揺れていた時期だった。だからこそオウムについて学ぼうと多くの人は考えた。

この一連のシンポジウムや上映会を企画してくれたのが、マンチェスター大学で宗教学と日本文化を研究していたエリカ・バッフェリ教授だ。

帰国後しばらくしてから、サバティカルを利用して来日していたエリカに再会した。そして秋風が気持ちよい某月某日、僕とエリカは早坂と深山に会った。ほぼ半日にわたって、麻原について、オウムについて、事件や信仰について話した。時間の経過は新たな視点を導く。日本とイギリス。研究者とドキュメンタリー制作者と元信者。様々な視点が交錯した。いろいろ気がついた。いろいろ知った。そのときにふと思いついた。これを多くの人に知ってもらいたい。それも一日でも早く。

一日でも早く、と思った理由は、この時期にはオウム事件に関わった信者たちの裁判がほぼ終わり、麻原処刑の日の到来がとてもリアルになっていたからだ。

死刑制度は廃止すべき。これは僕の思想であり信条だ。優柔不断で非論理的ですぐ他人の意見に影響されるタイプだけど、死刑廃止については、これからも揺らぐことはきっとない。でもその思想や心情が麻原処刑に反対する理由ではない。その混濁はしていないつもりだ。そのうえで麻原は処刑すべきではない。いや正確に書けば、「すべきではない」ではなく、「できない」はずなのだ。

精神が錯乱し始めた麻原を被告席に座らせ続けた麻原法廷の欺瞞と矛盾については、『A3』でたっぷりと書いた。その時代からはもう十年以上が過ぎた。麻原の処刑は、例えばもし明日行われたとしても、現状の法制度的には何の瑕疵も問題もない。ただしそれはあくまでも、精神が混濁した麻原を被告席に座らせ続けることを問題視しなかったレベルの法制度だ。本来の法からはまったく逸脱している。

刑事訴訟法四七九条には、「死刑の言渡を受けた者が心神喪失の状態に在るときは、法務大臣の命令によって執行を停止する。」と明記されている。さらに執行事務規程二九条は、死刑執行停止の事由があると認めるときは「直ちに法務大臣に報告してその指揮を受ける。」と定めている。

麻原判決公判を傍聴して麻原の状態を間近で見てしばらくの期間、僕は「麻原の意識は喪失している可能性がある」との書き方をすることが多かった。断言するだけの根拠がなかったのだ。でもいまは断言する。彼は完全に壊れている。心神を喪失している。だから法的には処刑できるはずがない。そしてこの場合の最大の問題点は、裁判中に麻原は異常な言動を始めたのに、適正な処置をしなかったことだ。つまり訴訟能力がない被告人を被告席に座らせ続けた。そんな法廷に何の意味があるのだろう。

ＮＨＫスペシャルの企画会議で小口ディレクターが地下鉄サリン事件を提案したとき、その場にいた五十人のうち、賛成したのは二人だけだったという。反対した人の多くは、オウムにはもう未解明な事実はないと理由を説明した。しかし制作は始まった。なぜなら地下鉄サリン事件被害者遺族から、**「麻原は裁判で動機を明らかにしていない。そして、なぜあれだけの事件を未然に防げなかったのか、わからないことばかり**（ウェブサイトから引用）」とのメッセージが寄せられたことが大きかったからだという。

だからあなたにも気づいてほしい。あらゆる事件を理解するうえで、犯行動機は事件の根幹だ。ところが地下鉄サリン事件については、実行犯となった信者たちがどのようにサリンを渡されたか、どのように各駅に配置されたか、どのようにサリンを車両内で散布したか、そしてなぜサリン散布を実行したかについては、ほぼ全容が裁判で明らかになっている。彼らの動機、つまり地下鉄車両にサリンを散布した理由は、これは尊師*の指示であると伝えられたからだ。ならば結果的には世界の人を救済することにつながるのだと、自分で自分を無理矢理に説得したからだ。

そこまではわかった。ならば次に、麻原がなぜ、不特定多数の人を殺傷するような指示を下したのか、何を考えていたのか、何を達成しようとしたのか、その理由を僕たちは解明しなければならない。麻原に語らせなければならない。そもそも本当に麻原が指示を下したのか（実行犯たちに麻原の指示を伝えた村井秀夫幹部は裁判前に刺殺され

＊尊師
教団内で使われていた麻原の敬称。

た）、それすらも正確にはわかっていないのだ。

麻原は自らの法廷で、前半は意味不明の英語交じりの言葉をしゃべっていた時期があったが、中盤以降はほぼ沈黙し続けた。判決公判の際には、入廷から退廷まで彼は一言もしゃべらなかった。時おり呻くような声をあげていただけだ。あの時点で彼の精神は完全に崩壊していた。

意味不明の証言を始めた時期に、精神鑑定を行って治療を受けさせるべきだった。もしも精神の混濁の由来が重度の拘禁障害であるならば、適切な治療で好転した可能性は高い。ところがメディアや識者やジャーナリストの多くは、麻原の意味不明な言葉や沈黙を「現実逃避」や「卑劣な戦術」、あるいは「死刑逃れのための詐病」などと罵倒するばかりで、結果として放置した。今に至るまで、麻原はまったく治療を施されていない。

彼を壊したのは法廷であり、メディアであり、この社会だ。つまり戦後最大級と言われるオウム事件の解明を拒否したのは、日本社会そのものであると言い換えることもできる。

判決が確定してから十年以上が過ぎた。現実的なレベルでは、治療は相当に難しいと思う。でも本人に答えさせることがもはや不可能だとしても、手がかりはいくつか残されている。補助線を探すことはできる。

だからこそ、早坂と深山に僕は質問する。疑問をぶつけ、闇に光を当てる。その答えを一つずつ、しかるべき位置に配置すれば、やがて形が表れる。もちろんこれは点描だ。しかも点の数は十分とはいえない。でも一つでも多く重ねる。補助線は多ければ多いほどよい。きっと見える人には見える。わかる人にはわかる。そんな思いで言葉を重ねた。多くの人に読んでほしい。だって闇は深い。一筋の光では意味がない。多くの人に知ってもらいたい。気づいてほしい。悩んでほしい。あの事件はまだまったく終わっていない。（森達也）

1　オウム真理教との出会い

自分の内面を見つめたかった——深山さんの場合

森　まずは、オウムに入った経緯をざっくりと説明してください。

深山　子どもの頃から宗教や神秘的なことに興味がありました。中学生の頃にはきちんとした形で瞑想をしたいと思っていましたけど、自己流でやってどこか変な世界に迷い込むのが心配でなかなかできずにいました。

学校を卒業してから、グラフィックデザイナーという職業につきました。でも自分の好きなことをやっていたはずなのに、どこか虚しい気持ちがずっとありました。

小さなデザイン会社で、徹夜で仕事をやるとか普通でした。それは苦痛ではなかったけれど、自分の描きたい絵が描けないというか。上司からは、もっと世の中から飽きられるようなものをつくったほうがいいんだ、飽きられて次の仕事がくるんだから、そういう流行り廃りを軽く追いかけていくようなつもりで描いてほしいと言われたことを覚えています。ものすごく苦痛でした。

森　時代的にはバブルの少し前ですね。いわば資本主義経済の隘路の一つの行き着く先。消費が最大の美徳のように言われた時代でした。だからこそ反発が働いたのかな。

深山　そうかもしれません。ランチを食べるために北海道のラーメン屋さんまで行ったというような話を雑誌とかで目にしていた時代でした。私も得意先の人に連れられて、京都までランチを食べに行ったことがありました。でもそんなことをやっても虚しくなるだけで、何か違うと思っていたので、だからこそ逆に、精神的なものを求めてしまうような感じでした。

森　僕はバブルの頃はフリーターで貧乏生活をしていたから、そんな体験は一度もない。あらためて聞くと、確かに常軌を逸した時代ですね。京都までランチのために往復。その出費はともかく、仕事をする時間はなくなりますよね。

深山　昼間の時間をムダに使っていたので、その分、夜働きました。効率が悪いように見えるけど、それが当たり前の時代だったのでおかしいと思いませんでした。会社の収益が上がっても、経費を使わないと税金に取られちゃう。とにかく仕事がどんどん入ってきました。それをひたすらこなすより、遊びながら仕事をしたほうがいいものがつくれるとみんなが考えていたので。その反動だと思いますけど、もっと自分の内側を見つめたいと、いつも思っていました。そんなときにカメラマンの友人の家に遊びに行って、たまたまチベットの写真集を見つけたんです。何気なくその写真を見たら、チベットの風景がとても懐かしくて、私は絶対に前生でここにいたと思いました。その後は自分でもチベットの写真集を買って、中沢新一さんの『虹の階梯』も読みました。実際にチベットに行ってみたいという気持ちが次第に強くなって……。

森　『虹の階梯』を読んだということは、風景だけではなく仏教的なところにも惹かれていたということなのでしょうか。

深山　そうですね。その頃はチベットについての情報が少なかったしネットもなかったので、チベットについては秘境というか、崖をよじ登って入る国みたいなイメージがありました。そんなところに一人で行けるのかと悩んでいるときに、麻原さんの『超能力「秘密の開発法」』という本に出合いました。読んだときは、「ここにグル（導師）がいる」と思いました。本当に直感的に思ったんですけど、ここにグルがいるからチベットまで行かなくても大丈夫というふうに思えてすぐに入会しました。まだオウムが宗教団体になっていない、「オウム神仙の会」の頃です。

森　つまりチベットへの興味が、麻原を経由しながらオウムにスライドしたと受け取っていいですか。

深山　中学生の頃から瞑想をしてみたいと強く思っていましたから。でもグルというか指導者がいないのでできなかった。その頃は「アストラル*」という言葉もまだ知らなかったですけど、別の世界に迷い込んで戻って来られないことがないように、アストラル次元で指導をしてくれる力のあるグルがほしいと、中学、高校の頃からずっと思っていました。

森　独学で瞑想に嵌まると危険だという意識はあったということですね。かなり変わった子どもだと思います。しかも単なる憧れのレベルではなくて知識もあった。……子ども時代の環境として、ご両親とかが特に宗教的だったとかいうことはないですか。

深山　北陸の浄土真宗の家です。あの地域では特別でないというか、ごく普通の関わり方をしている家だと思います。

森　北陸ならば浄土真宗はとても普通です。麻原の『超能力「秘密の開発法」』という本は一般向けでマニュアル的な内容だから、少なくとも宗教の奥義とかに触れる本ではないですね。

深山　その前に別の方の本を読んでいましたけど、あまり興味が持てないというか、書いていた方の人柄が好きになれないという印象があって。その点、『超能力「秘密の開発法」』は素直に書かれているという印象があって、そこに好感を持ちました。どこに惹かれたかと聞かれれば、そういうことになります。

＊アストラル
オウムではヨーガの概念をベースに、アストラルを潜在意識の世界、イメージの世界と説明していた。その世界で活躍する身体を「アストラル体」という。

セミナーに参加して聞いた麻原さんの説法も、本を読んだとき以上に共感というか共鳴しました。それでシャクティーパット*を受けて、目を閉じていたのに目の前がすごく明るくなって、いろいろな光がぐるぐる回っているという体験をしました。そのセミナーが終わってからしばらくすると、何もしていないのに、心が自然に満足しているという状態が訪れました。何か見えない膜が張ってあって、外界からの影響を受けなくなった感じで。それでいて心の内側から満足感というか、幸福感があふれてきて、心の幸福感は自分の内側に存在しているものなんだということがわかった感じでした。そういう体験があって、その頃は「出家」という言葉はなかったので、早くスタッフになって住み込みで働きたいと思うようになって、やがて出家に至ったということです。

森　最初はシャクティーパット。このときに神秘的な体験をしたという信者は多いです。そういう話はたくさん聞きました。でも僕は、ある程度はプラシーボ的な効果で説明できると思います。つまり、きっと効果があると思っているからこそ、効果を強く感じてしまうという現象です。でも仮にプラシーボだとしても、その体験を語るサマナ*の数があまりに多いし、体験の内

＊シャクティーパット
オウムにおけるイニシエーション（秘技伝授儀式）の一つ。麻原による直接的なエネルギー注入によって、信者の霊的覚醒を促した。

＊サマナ
出家者の呼び名。時期によって「スタッフ」「シャモン」「サマナ」というふうに変わった。

容も具体的すぎます。試しに僕も受けてみたかったな。けっこう本気でそう思います。

深山　私の場合、それまでシャクティーパットというものを知らなかったので、最初の段階でそこまで期待感はありませんでした。そのわりにはというのも変ですけど、本当に現実と変わらないくらいにリアルに光が見えたので素直に感動していました。

森　深山さんが出家したのは何年ですか。

深山　八七年の六月、私が二十七歳になる少し前くらいだったと思います。『超能力「秘密の開発法」』が出たのが八六年なので、その年に入会して、翌八七年に出家。どちらも六月だったと思います。

森　迷いやためらいがほとんどない。初めて麻原に会ったのはどこですか。そのとき、どんな印象を持ちましたか。

深山　丹沢のセミナーです。インドの修行者が着るような衣装を着た男性がまわりに数人いて、その集団を見てどこか圧倒される感じがしました。麻原さんがまわりの人たちと同じ服装だったか、上下ジャージを着ていたのか忘れましたけど、足下で野良猫がニャーニャー鳴きながらすりすりしていたのはよく覚えています。最初、麻原さんはほかの人たちと話をしていたので、その猫のことは相手にせず、好きにさせていた感じでしたけど、話が終わってから猫に向かって「頑張れよ」と言っているのを見て、すごく感動しました。心から「頑張れよ」と言っている感じで、本当に優しい人なんだと思ったのが最初の印象です。その日の夜になって、その猫は私の膝にも乗ってきました。どこにでもいるような普通の野良猫で、寒そうに、わびしそうにしていたのを覚えています。

森　そもそも人懐っこい猫だったたんじゃないかな。そのとき麻原と会話はできましたか。

深山　人懐っこい猫だったと思いますけど、まわりに何人もいた中で麻原さんにだけ甘えていたのがとても印象的でした。それから猫に対して、人間相手と同じように話しかけていたことも。最近はペットが家族同然になっているので当たり前の光景になってますけど、当時はそんなふうに動物に向かって対等の扱いをする人は珍しかったので。

それでそのときのことですけど、私自身は会話をしていません。初めて話したのはシャクティーパットのときです。私の順番がきたときに「セミナーはどうでした」と聞かれました。「とても感動しました」と言ったら、「それはよかった」と言っていました。最初の会話はそれだけです。

森　シャクティーパットは具体的にどのようにやるんですか。

深山　時代によって多少違うようですけど、その頃は受けるほうが仰向けに寝て、頭の側に麻原さんが座っていました。それでおでこの真ん中というか、眉間より少し上のあたりを、親指でぐるぐるぐると、十分ほど円を描くように押さえます。滑りがいいように何かローションみたいなものを塗っていたと思います。麻原さんは瞑想をしながらやっていたと思います。黙々とやっている感じです。なにか感じることがあったときに、声をかけることもあったようです。

森　弟子にエネルギーを入れるという理解でいいのかな。

深山　オウムの中でもそのように説明されていました。クンダリニーというのは根源的なエネルギーのことですが、一人で修行してもなかなか覚醒しないので、覚醒しているグルが自分のエネルギーを弟子に注入することで覚醒を促します。それがシャクティーパットの目的です。何人も続けるうちに、麻原さんの顔がだんだん血色が悪くなっていって、おじいさんのようになっていくみたいな感じでした。やっぱり疲れるんだと思います。

森　まあ普通に考えれば、何時間もぐるぐるやっていれば疲れて当たり前です。

深山　テレビのバラエティ番組に麻原さんが出て、すごく反応のいい女性のお弟子さんにシャクティーパットを施して、バタバタと身体が動く反応を見せたりしたこともありました。

森　バラエティ番組で？

深山　私が入会する前のことです。当時は宗教団体ではなかったので、「入信」でなく「入会」という言葉を使っていました。

森　深山さんが入会した頃は、先輩というか、例えば石井久子さんとか岡崎一明さんとか、後に幹部になる信者たちが揃っていましたね。

深山　みんないました。もうスタッフになっていて、内弟子として活動していました。

森　スタッフになること、つまり出家することを、断られる人はいましたか。

深山　いました。麻原さんがダメと言って。

森　その理由を、彼はどう説明するんですか。

深山　まだ早いって。最初に現世捨断というのができていないといけないわけで、現世に対する執着が強い人は出家しても続かないと。時代によって条件は変わってくるんですけど、出家の準備ができていない人にはもう少し現世捨断できるように修行しなさいという感じでした。「在家」という言葉もなかったですけれど、在家として頑張れということです。それで現世捨断がある程度できて、時期がきたら出家しなさいというようなことでした。

森　出家を許せばお布施が入ってくる。でも簡単には出家を許さなかった。少なくともその時期の麻原は、修行に対しては極めてまじめだったのかもしれない。

深山　私から見るといつの時代も修行に対してまじめでした。麻原さんの教団運営を見ていると、内側を固める時期と、入信者や出家者を増やすという二つの時期を使い分けていました。内側を固めるというのは、組織やシステムだけでなく、弟子たちの修行ステージをある程度まで高めていくということです。それで弟子たちのステージが上がって、その弟子たちが人を引っ張ることができるようになれば、入信者や出家者を増やす活動をしていく。それから再び新しく入った人たちの修行ステージを上げていくことに力を注ぐという、そういう繰り返しをしているという話を何度か聞いていましたし、実際にそうでした。

それで出家者のお布施の話ですけど、その頃は若い人が多かったので、全財産をお布施するといってもそんなに金額は多くなかったと思います。逆に借金がある人もいて、それを肩代わりしてくれることもありました。借金といっても遊んでつくったようなものではなくて、返済しなければいけなかった奨学金のようなものです。麻原さんは経済的な面はまるで頓着していなかった感じがします。私は経理にはタッチしていなかったので聞いた話しかできませんけど、オウムの経理はいつも火の車で、お金がなくなったといえば「じゃあセミナーをやろう」「シャクティーパットをやろう」という形で活動資金を集めていたと聞いています。それでインドに行って聖者と呼ばれている人にお布施をしてマントラをもらってきたりすると、またお金がなくなっちゃう。それで資金集めのためにセミナーを開くというような感じの自転車操業だったということでした。

森　セミナーやシャクティーパットは、具体的にいくらぐらいですか。

深山　私のときはセミナーが一日参加して七千円くらいでした。セミナー自体は二週間くらいやっていたと思いますが、その中で好きな日を選んで、好きなだけ参加できるというシステムでした。その場所に宿泊できて食事も出ました。泊まる部屋は女性と男性は分かれていて、小さな部屋だったけど、布団は一人一枚ありました。シャクティーパットは別料金で三万円でした。

森　三万円。……信心がない人から見れば、暴利を貪っていると思いたくなる金額であることは確かです。強制ですか？

深山　お布施には、現世に対する執着を絶つという意味があります。お布施を受けるほうは、布施した者のカルマ*（業）を受けるという認識でしたので、暴利を貪っていると感じたことはありません。オウムの中ではみんな布施功徳の力を信じているから勧め方がつい熱心になることはありますけど、教団の方針として強制して何かをさせるというのはなかったです。この時代のシャクティーパットも同じで、受けたくなければ受けなくていいけど、効果を感じる人にとっては魅力的でしたし、シャクティーパットが受けたくてセミナーに行っていた人も多かったと思います。二十人とか、三十人とかやることもあって、麻原さんが倒れたこともありました。

森　倒れるって、文字どおりばったり倒れるんですか。

深山　高熱を出して、歩くのもやっとなくらいふらふらになっていました。すぐ意識不明になっちゃうわけではなく、自分の部屋に行って寝込むみたいな感じでした。

＊カルマ（業）
仏教の基本的な概念でいわゆる業のこと。善悪に応じて果報を生じ、死によっても失われず、輪廻転生に伴って来世に伝えられる、という考え方をオウム真理教はとっていた。

森　その頃、麻原の目はどうでしたか。

深山　すごい弱視ではあったようですけど見えていたみたいで、一人で歩いていました。

森　初期の頃は麻原の家族は千葉の家に住んでいたけれど、その頃に家族はまだ側にいなかった？

深山　その頃はいませんでした。ご家族が一緒に行動するようになったのは、富士の道場ができた頃だと思います。

森　ありがとう。次は早坂さんにも同じ質問です。オウムとの出会いを話してください。

進むべき道を探して――早坂さんの場合

早坂　僕も宗教的なものに関心がありましたが、ほとんどの宗教団体はビジネスとして宗教を利用しているように思っていたので、意識して避けているような感じでした。一方で、精神的なものを求める気持ちは心のどこかにあったと思います。

僕が就職を迎えた時期はちょうどバブルの頃でした。採用数が多かったので就職先はいろいろありましたが、なかなか踏ん切りがつかなくて、大学を卒業するぎりぎりの三月に業界紙を発行する出版社を就職先として決めました。編集記者として雇ってくれるということだったので、そういう仕事ならいろいろなものが見られるだろう、その中で自分のこれからを決めようみたいな感じで就職しました。でもそこは今でいうブラック企業だったので、結局二年で辞めました。

森　ほぼ同じ頃に深山さんは京都までランチを食べに行っていた。人さまざまですね。

早坂　その頃、たまたま取材で知り合った人から声がかかって、フリーになって週刊誌の記者をやりました。オウムと出会ったのはそれからしばらくしてからです。付き合うことになった女性がオウムに入っていて、彼女を通じてオウムとつながりました。

彼女からオウムのことを聞いたときには、怪しいところだと思ったのでなるべく関わらないようにしていました。それでも本だけ読んでみてと言われたので、『生死を超える』という本を借りて読みました。この本は確かに面白かったけど、だからといってオウムで積極的に活動する気にはなれなかったです。最終的には彼女に押し切られる形で入りましたけど。

森　最初は彼女と一緒に道場に行ったんですか。

早坂　そうです。初めて行ったのは一九八九年の三月頃でした。

森　週刊誌の記者ならば情報はいろいろ入ってきますよね。この時期にオウムに対する批判的な論調は……。

早坂　まだなかったです。世の中のほとんどの人がオウムのことを知らなかった頃です。『サンデー毎日』の批判キャンペーンが始まったのがその年の十月からで、入信はその半年前でした。もう少し遅かったら、たぶんオウムに入ることもなかったと思います。

いずれにしても自分から積極的に関わるつもりはなかったので、最初は出家するとは思っていませんでした。実際に入って過去の麻原さんの説法を読んでみると面白くて、これは宗教的な勉強になると感じてはいましたけど、自分がそこに深入りしてメンバーとして活動する姿はまったく想像できなかったというか。それでもその時点で、出家して修行をしてみたいなという意識は心のどこかにありました。解脱・悟りへの興味と、それを極めるための生活への一種の憧れのようなものです。

その後、一九九〇年五月、オウムへと導いてくれた彼女と結婚しました。石垣島セミナー*が行われた直後くらいです。家にも支部からセミナーへの誘いの連絡が来たようですけど、結婚式の準備とかで忙しくて、留守番電話のメッセージに対応するのが遅くなったら連絡が取れなくなっていました。結果、石垣島セミナーが行われた頃には、新居の準備をしたり、結婚式を挙げて二人で新婚旅行に出かけていました。

森　それだけを聞けば、少なくとも熱心な信者という感じはしませんね。

早坂　全然、熱心じゃないです。

＊石垣島セミナー
沖縄県・石垣島で行われた予言をテーマにしたセミナー。ボツリヌス菌の散布計画から信者を守るための一斉避難だったともいわれている。

森　しかも仕事は週刊誌の記者です。その後にオウムについての悪い情報もいろいろ見聞きしたはずです。それなのにオウムに傾斜した理由は何でしょう。職業的な好奇心というモティベーションかな。

早坂　職業的な好奇心はありました。それから自分が進むべき道がよくわからなかったので、とにかくいろいろなものを見てみたいということも。当時は記者としていろいろなものを観察するというスタンスがけっこう気に入っていて、その対象の一つがオウムだったわけです。

同時に麻原さんの説法は、視野を広げてくれるようなところがあると感じていたので、意外とまじめに見聞きしていました。その頃は宗教というものがよくわからなかったけれど、いろいろ考えるときのヒントが彼の話にはたくさんあると感じていました。当時の生活を捨ててオウムにのめり込むという気持ちはありませんでしたが、この人の話は勉強になるということは思っていて、そういうどっちつかずの中途半端な関わり方がけっこう気に入ってました。そういう中でオウムの批判記事についても個人的な検証はいつも行っていたという感じです。

森　その頃は直接、麻原とコンタクトはしていないのですか。

早坂　初めて麻原さんを見たのは、入信した八九年の夏に東京の道場で行われた説法会です。

森　そのときの印象はどうでしたか。

早坂　やっぱり話が面白いというか、わかりやすい。論理的で非常にわかりやすい話をされる方だなと思いました。

森　喩え話がうまかったと聞いたことがあります。

早坂　確かにアナロジーの使い方がうまいです。

森　イエスやブッダもそうですね。アナロジーをよく使った。もちろん、同じレベルだということではなく、麻原がそうした論法を勉強したという可能性もあります。

早坂　そのあたりはよくわかりませんけど、もともと思索力を磨く修行をしていたし、そのための修行法を信徒にも推奨していたのでその成果と受け止めていました。アナロジーがうまい人というのは、前提として物事をきちんと理解しているというのがあります。話術とかテクニックというより、物事のとらえ方や見方のほうに惹かれるものがあったという感じでした。

森　出家は今の人生から別の人生へのジャンプです。話がわかりやすいとか論理性があったとかの理由でジャンプはできません。しかも早坂さんは記者ですから、良い意味でも悪い意味でも擦《す》れています。もう一度訊きます。なぜ出家することになったんですか。

早坂　オウムと接するときはそれほど擦れていませんでした。サマナも信徒もみんな純真というか、ばか正直に接してくるので逆に場の中に溶け込みにくいというか、とにかく目立たないように気配を消している感じでした。そんな中で出家に至ったのは、結婚してから半年ほどして妻が亡くなったのがきっかけです。その瞬間に価値観が大きく変わりました。あれだけ自分がこだわっていたことが全部意味のないものに思えたり、それまでの自分の人生が急につまらないものに思えたりした。その時点ではまだ自分が進むべき道がはっきりと見えていたわけではないけど、修行をしてみたい、そうすればなにかわかるかもしれないという期待があって出家をしようと考えました。

森　奥さんがどうして亡くなったのか、差し支えなければ話していただけますか。

早坂　事故死です。家の風呂場で。僕はその日、友人と飲んでいて夜遅くに帰宅しました。帰ったら妻は風呂に入っていましたが、その前日に喧嘩をしていたので仲直りをするつもりで風呂場のガラス扉をノックしたら、彼女はまだ怒っていたようで、たぶんガラス扉を蹴ったのではないかと思います。その拍子にガラスが割れて。その時点ではたいしたケガではなかったと思いますけど、僕も彼女もパニック状態になってしまったので。後から考えると、そのときに僕が冷静になって応急処置をしていれば違う結果になっていたと思います。でも彼女に「救急車を呼んで」と言われて電話をかけに行ってしまって。戻ったときには血の海で、そのまま出血多量で亡くなりました。

森　……その時点で、奥さんは出家していなかったんですね。

早坂　在家でした。僕は不熱心な信徒だったので、彼女に促されないと道場に行くこともありませんでした。妻が亡くなった後も道場にはなかなか行きませんでしたが、麻原さんの説法会のようなものには一人で行くようになりました。出家したのはその次の年、九一年の三月です。出家の意思は伝えていましたが、実際に出家するまでには半年近くかかりました。

森 事故の件について麻原と直接話しましたか。

早坂 亡くなった翌朝、彼女の姉の家から東京本部に電話して、そのときたまたまいた正悟師*に事故の件を伝えました。彼女のお姉さんもオウムの信徒でしたけど、選挙の落選をきっかけに信を失ってその時点でやめていました。電話をしたとき姉の家にいることを伝えたと思いますが、電話を切ってしばらくしてから、麻原さんから直接電話がかかってきました。

森 どんなことを言われたのか、覚えていますか。

早坂 励ましです。「大変だったな」というのから始まって、「人が目の前で死ぬのを見る経験ができたなんて修行者として幸せじゃないか」みたいな話もしていた。「シヴァ神*の祝福」という言葉も使っていました。

森 亡くなった翌日に幸せじゃないかなどとか言われたら、普通はキレますよ。

早坂 確かに一瞬、なんてこと言うんだと思ったけど、すぐに受け入れていたというか、言わんとしていることを

＊正悟師
オウム真理教の階級（ステージ）を示す称号の一つ。師の上のステージで、その上に正大師がある。

＊シヴァ神
ヒンズー教の主神のひとつで、破壊の神とされている。オウム真理教はシヴァ神を主宰神としていたが、最高位の世界の魂の集合体としており、一般的なシヴァ神の位置づけとは異なっていた。

噛みしめていました。それまでの説法でも輪廻転生とか死についてよく触れていたので、すぐにそれらと結びついたんだと思います。その前提がなくて、いきなりシヴァ神の祝福みたいなことを言われたらキレたでしょうけど。

でもそれも過剰なストレスからほんの一瞬だけ解放された程度で、発狂しそうな状態がしばらく続きました。ただ、いまの状況は修行者としては最高のものだからというような話をされたので、辛いけど逃げずにひたすら耐えながら状況を見つめるようにはしていました。そうしているうちに少しずつストレスから解放されていった感じです。いずれにしても僕のようなケースは、オウムへの出家のきっかけとしてはかなり特殊だと思います。世間の人から見て、わかりやすいといえばわかりやすいんでしょうけど。

森　宗教において、死後の魂がどこに行くかについての思想はとても重要です。いわゆる死生観ですね。奥さんの死について、その後に麻原はなにか言いましたか。

早坂　説法で、自分のところに来たと言っていたようです。それでよりよい転生ができるように手助けしたと。この事故のことは説法で何度も取り上げていたようですけど、僕は在家信徒だったので、当時住んでいた場所から手軽に行くことができる東京近郊の支部以外で行われた信徒向けの説法や、サマナたちへの説法はほとんど聞くことができませんでした。

それで説法会の後に「シークレット・ヨーガ」という、麻原さんが個人面談をしてくれる時間がありまして、その機会に「出家させてください」と言ったら、「条件を出しましょう、その条件をクリアしたら出家を認めましょう」と言われました。「帰依マントラ」という短い帰依の言葉を唱える修行を三十万回、教団機関誌『マハーヤーナ』に掲載されている麻原さんが書いた記事と説法を五回ずつ読むというものでした。同時に、ちゃんと教えを理解していないと後々苦労するから、そこできちんと固めなさい、みたいなことを言われました。

森　三十万回唱える？　でも自己申告ですよね。

早坂　そうですけど、だからやらずに誤魔化せばいいやというふうに考えたことはありませんでした。些細な嘘であろうとなるべくつかない、そういう心がけで生きることが修行にプラスになると思っているのがオウムの信徒です。出家のための課題を誤魔化すというのは本末転倒で、課題を出す側もそういうことは想定していないと思います。ただ、その後の出家生活を振り返ると、ごく少数ですけど平然と不正をするような人もいることはいました。そのことで本人が損をするというのがオウムの中の認識なので、とがめることはあってもまわりが積極的に真似する雰囲気はなかったです。でもみんな嘘をつかれることに慣れていないので、そういう人がいる場所では、まわりがいいように振り回されているように見えたこともありました。

森　出家までしたいという人は、嘘はつかないということかな。麻原と話したのは、奥さんが亡くなったときの電話が初めてですか？

早坂　その前にも話しています。最初は週刊誌の仕事でのインタビューだったかもしれません。

森　そのときの印象はどうでしたか。

早坂　初めて説法を聞いたときと同じで、論理的にすべてを説明する人という印象でした。

森　宗教と論理性が共存するってすごく不思議です。

早坂　よそのことは知りませんけど、オウムではそれが当たり前になっていました。

森　だってロジックだけを極めれば宗教は否定されます。人の意識や感情は脳の神経細胞における電位差や化学物質のやりとりで発生する。もちろんまだ完全に解明されているわけではないけれど、こうした物理的な現象が基盤にあることは間違いない。ならば神経細胞が死滅したら魂なんて存在しない。

早坂　そこは見解の異なる部分です。物理的な現象として見れば確かにそのとおりで、その人の好みや性格的なもの、かかりやすい病気なんかもＤＮＡを見ればある程度わかると言われています。でもそれだけである一人の人間の人生すべてを説明できるわけではないです。例えばどこの場所に生まれるとか、どういう家庭に生まれるか、どういうＤＮＡの家系に生まれるかで人生は大きく変わりますが、そういう個体差がどのようにしてつくられるかという明確な答えを近代科学は持っていません。そこは肯定するにしても否定するにしても立証が困難だけど、輪廻とかカルマとかいうものがあるという前提で考えたほうがしっくりしたりするわけです。

そういう点からいうと、死後の世界とか宗教というのは必ずしもロジカルに否定されるものではないし、むしろ見方によっては肯定されるものになっていったりするんだと思います。

森　現状の科学やロジックだけで人の意識を説明できないことは確かです。意識だけじゃないですね。人はどこから来てどこへ行くのか。宇宙はなぜ誕生したのか。なぜ素粒子はこのように振る舞うのか。謎はたくさんあります。でもそこで輪廻やカルマなどの言葉を嵌めることに、やはり部外者としては違和感があります。もちろんこうした討論が不毛であることも理解しています。

早坂　議論で白黒を決めるようなものではないです。ただ、一つ言っておかなければいけないのは、オウムの場合、宗教に論理性を求める人の受け皿になっていた面があるということです。教義もそうだし、修行にも論理性、正確には思索力を磨くことを目的にしているものがありました。そういうところが論理的思考をする人、つまりよく言われていた高学歴とか理系の学生なんかが惹かれる理由になっていたんだと思います。一方で、逆に論理性を一切求めていなかったように見える人もいたので、そこは本当に人それぞれでしたけど。

2　出家者の生活

出家者の日常

森　二人の出会いはオウムですよね。

深山　たまたま同じ部署になったんです。私がデザイン担当で早坂は編集。

早坂　教団機関誌の『マハーヤーナ』や他の出版物を制作する部署でした。ただ、その後しばらくして大きな方針転換があって、『マハーヤーナ』は『真理』という名前に変わりました。

森　松本サリン事件後に機関誌の名称は『ヴァジラヤーナ・サッチャ』になりました。『A』を撮りながら、施設内でこの雑誌を何度も目にしました。なんだか無防備なタイトルだと思いました。だってヴァジラヤーナ＊は殺人を肯定する教えとして、その後の裁判やメディアでさんざんに言

＊ヴァジラヤーナ
一般的には金剛乗と訳される。オウム真理教では、行為よりも心の働きを優先するもので、小乗の戒律に反する行為も含む修行法と位置づけられていた。

及された教義の名前です。まあ逆に言えば、当時のオウム信者の多くは『ヴァジラヤーナ』に対して、その程度のイメージしか持っていなかったということを示しています。撮影時に何冊か購入して、家に今も置いています。この雑誌の編集に早坂さんは関わっていたのですか。

早坂 陰謀論などが取り上げられていた本ですよね。

森 そうです。ほかにはメディアのマインドコントロールの恐ろしさとか。書かれていることは、ある意味で真っ当です。でも、どの口が言うのだろうかとは思ったけれど。

早坂 その雑誌には一切関わっていないです。出家後、書籍とラジオ番組の制作と、新聞輪転機を購入してからは新聞づくりというように仕事の内容はどんどん変わっていきましたけど、教団のPR活動という点では基本的に同じでした。でも地下鉄サリン事件の一年前くらいから、まったく別の仕事をするようになっていたので『ヴァジラヤーナ・サッチャ』のことはよく知りません。

森 二人が最初に会ったときの教団におけるポジションは？

早坂 出会ったとき、僕は出家したばかりの駆け出しのサマナでした。

深山 私は師でした。クンダリニー・ヨーガ*を成就したと認められたサマナが与えられるポジションです。

早坂 だから話をすることもありませんでした。それからしばらくして極厳

＊クンダリニー・ヨーガ
尾てい骨に眠る根源的な生命エネルギーとされるクンダリニーを覚醒させ、その力を利用しながら解脱に至る修行法。

修行*に入り、一年後に師になりましたけど、その後も同じ仕事をしたので接点があったというか話をするようになりました。

森　教団の中の地位は、最初は深山さんのほうが上だったのですか。

深山　「師」は中堅幹部。その一つ上がマハームドラー*の成就者の「正悟師」、その上の「正大師」は「大乗のヨーガ*」の成就者で、上祐史浩さんとか石井久子さんのレベルです。

森　出家者の日常について説明してください。

深山　ひたすらワーク（奉仕活動）です。睡眠時間は四時間とか、多くても六時間。睡眠以外の時間はずっとワークしているみたいな感じでした。功徳がないと修行は続けられないという前提があるので、功徳を積むためにワークをやって、修行に耐えられるだけの功徳が積まれたかどうかは麻原さんが判断して、それじゃ修行に入りなさいとなる。オウムの中のサマナの生活というのは、だいたいそういう流れです。

森　ワークって、つまり教団内の仕事ですね。サマナたちは土木とか建設などもやっていました。

＊極厳修行
一日24時間行われる集中修行。その状態が何カ月も続くことがあった。
＊マハームドラー
三つめのヨーガ達成者とされている。詳細は本文中に後述している。
＊大乗のヨーガ
他を利するための修行法。オウム真理教では、自分自身の修行で一定の成果を達成した後、この修行を行う段階に入った者に正大師という称号を与えていた。

オウムってなぜか、自分たちでいろいろやってしまう。サティアン*なんかもほぼ自分たちで建設していますね。だから内装なんかは、相当に安普請だったと記憶しています。

深山　何でも自分たちでやるのは麻原さんの希望でした。最初の頃は人数も少なかったので、内容によっては外注もあったけど、相手方の利害が絡んでくると思ったとおりのことができないし、在家信徒さんからのお布施がムダに使われることになるからということでした。それで出家者が増えていくと、その人がカバーできる範囲のことを中心に部署を少しずつ増やしていって、最終的にほとんどのことがオウムの中でできるようになったという感じでした。

森　何でも自分たちでやる。……そうか。後にオウムが暴走する要因の一つである省庁制の発想は、そこにあったのかもしれないな。建設担当のサマナとかは、格好とか持っている道具とか、本当に建設現場のプロの作業員のような雰囲気でした。修行の時間はちゃんと取れるのですか。

深山　修行時間に関しては、一日何時間の修行をしなさいと言われることもあるし、そのまま修行に入りなさいと言われて二十四時間修行することもあるし。それはそのときどきや人によって違いました。

森　作業と修業は別ということですね。

深山　メリハリがありましたが、本当はワークも修行という位置づけで

＊サティアン
静岡県・富士宮市や山梨県・上九一色村（当時）に点在していたオウム真理教の施設の呼称。「真理」を意味するサンスクリット語の「サティアン」に由来する。

した。知恵を磨いたり、功徳を積むのが目的です。功徳がない状態で瞑想修行を行うと、体験が悲惨なものになったり精神的におかしくなることがあるので。それでその修行ですが、最初の頃は麻原さんが直接サマナの修行を指導していましたけど、だんだん後になってくると、修行の指導は師とか正悟師とかがやるようになっていました。でも、その大本は麻原さんからの指示です。一日のプログラムで何をするとか決めるのは、全部、麻原さんでした。

森　出家とは一生を教えの実践に捧げるということです。失敗したなと思ったことないですか。

深山　帰りたいなと思うことはあるけど、失敗したなと思ったことはないです。むしろいまのほうがときどき、修行のことだけを考えていればよかった生活に戻りたいと思うことがあるくらいです。

煙草と酒

森　早坂さんはどうですか。現世に未練が出てきたりすることはなかったですか。

早坂　ないです。精神的に充実していたので。出家する間際まで煙草を吸っていたので、最初はそのことで苦労しないかという心配がありましたけど。実際は出家したその瞬間から煙草のことが一切頭の中から消えていました。

森　それはすごい。禁煙セラピーとかやれば人が集まったかも。

早坂　煙草を求める中毒症状のようなものも一切なかったし、オウムの中ではそれくらいリラックスできていたみたいです。

深山　私も入会する前は煙草を吸っていましたが、あるときスパッとやめることができました。シャクティーパットを受ける前だったかな、入会したときにもらった教材にそった修行がきっかけになりました。シヴァ神を観想する瞑想をしていたとき、三日間だけでも煙草のことを忘れさせてくれたらやめるんだけどなと思っていたら、その瞑想の中でリアルなシヴァ神が現れて手に持っていたマニ珠*を差し出してくれました。それで本当にそれからぱたっとやめられました。

森　不思議だな。どういうメカニズムでそうなったかわかりますか。

早坂　まったくわかりません。煙草を吸わないのが当たり前になってからは、そういうものへの興味も一切なくなっていたので深く考えたこともありませんでした。生活環境が大きく変わったことも関係しているのかもしれませんが、出家の日を境に、煙草への意識や身体への影響が一切なくなった感じでした。その時点で煙草への関心が一切なくなってしまったので、どうにも説明のしようがないです。

深山　私も禁断症状がありませんでした。ストレスが関係していると思います。煙

＊マニ珠
摩尼宝珠意のままにさまざまな願いをかなえる宝珠

草を吸うことがストレス解消になっていたとすると、そこにストレスがあったということです。その煙草を必要としていたストレスがなくなっちゃったというか。最初にシャクティーパットを受けたときに、外側からのものでなくて、自分の内側から満足した状態がこみ上げてくるという、ストレスがない状態になっているのを感じました。私にとって修行生活というのはそれがずっと続いているような感じで、煙草を吸いたいという気持ちが消えてしまいました。

森　うーん。お酒も同じですか。

早坂　お酒の場合、煙草ほど依存性は高くないので。以前はそれなりに飲んでいましたが、やめたというのを強く意識したことがないし、出家してから飲みたいと強く思ったことも一切なかったのでよくわからないです。

出家者の食事

森　煙草や酒はともかく、食欲や性欲はなかなか遮断できない。特に食事は、とらないと死んでしまう。

早坂　おっしゃるとおりで、食欲や性欲などの基本的な煩悩はありました。でも出家生活を送っている場所は、そういうものを快楽的に追い求めるのが否定されている空間だったので、あれが食べたいこれが食べたいとか、異性とどうしてもセックスがしたいというように翻弄されることはほとんどなかったです。例えばいろいろな料理の情報とか、アダルトビデオのようなものを日常的に観ていたら、同じような生活を送ることはできなかったと思います。逆に言うと、そういう刺激的な情報に触れていないと、食欲や性欲のような基本的な煩悩の生起の仕方もだいぶ違うということが体験的にわかりました。

森　教団での食事は一日二食ですか。

深山　基本的にサマナは二食ですけど、師以上は一食でした。みんな忙しく動いていたので、何時に食べなさいというのはなくて、それぞれがあいている時間に食べていました。

森　『A』撮影時の主食は、堅くてまずそうなパンだった。『A2』撮影時には、カレーもよく食べていました。カレーといっても具はほとんどない。カレー汁です。

早坂　それはかなり後の時代になってからの食事です。

森　そうか。僕がオウムの撮影を始めたときには、二人はもうオウムから脱会していましたね。

早坂　大きめのタッパーにパンとか饅頭とかソバが入っていました。一九九二年とか九三年頃、お供物分けといって、食事を一人分ずつに分けるのが師の仕事になっていました。その頃は食事をつくるのも師よりも上の正悟師、正大師らの仕事になっていました。それを麻原さんが供養部屋で神々に供養して、それから下げられたものを一人前ずつタッパーに仕分ける作業です。

森　やっぱり何でも自分たちでやろうとしますね。供養って全員の食事を？　ならばけっこう厖大な量です。

深山　全サマナの分なのでかなりの量でした。

森　それを毎朝、麻原は供養をしていたわけですか。

早坂　いつも忙しく動いていたので時間は決まっていませんでしたが、毎日の日課でした。

森　ズルはしていませんでしたか。麻原は頻繁に海外に行ったりしていましたよね。その間の供養はどうしていたんですか。

早坂　例えば四日留守にするなら、四日分つくって供養して出かけていました。そういう宗教的な行為はものすごく大事にしていたので、どんなに忙しくても手を抜くことはなかったようです。そこは本当にもう愚直といっていいくらいです。

森　そういえば死刑が確定する前の中川智正さんに拘置所で面会したとき、麻原は供養に毎日何時間もかけていたと聞いたことを思い出しました。彼は最も麻原の身近にいた側近信者ですから、それは事実なのでしょう。

僕が『A』を撮る前、つまり地下鉄サリン事件が起きる前のオウムの食事のメニューを、もう少し詳しく教えてくれますか？

深山　パンとビスケットみたいなもの、お饅頭にソバかラーメン、あとは大豆の唐揚げとか大豆のハンバーグでした。時代によって多少中身が変わっていきますけど。

森　炭水化物ばかりだ。果物や野菜は？

早坂　そのメニューになった最初の頃は、そこにバナナやキャベツが入っていたりしましたが、キャベツは途中からなくなりました。殺生になるからという理由でした。僕が出家した頃は、いわゆるオウム食、根菜を水で煮たものと胚芽米のご飯という食事でした。その後、経典の研究を進めていくうちに考え方をどんどん変えていったようです。

深山　殺生になるものはすべてやめるということで、根菜も胚芽米もやめて、最終的に粉物を固めたものだけになってしまいました。

森　殺生をとりあえず忌避することは宗教として当たり前だけど、大根やキャベツ、胚芽米を食べることも殺生になるからやめるというのは、かなり過激ですね。

深山　記憶が曖昧ですけれど、お釈迦様は水さえも濾して微生物を殺さないようにして飲んでいたという話がありました。そこまで徹底しなければいけないと考えた。芽が出るものは生きているから、それもやめようと。瞑想の妨げになるということで。

森　どんどんラジカルになっていったということですか？　教養と食事が並行して過激になったと考えれば、それはそれで興味深い。食事の場合は、例えば仏典の研究班みたいなところが、「お釈迦様はここまでして微生物も殺さないようにしていました」と麻原にアドバイスしたのかな。

深山　そこはわからないです。仏典を翻訳したものを読み上げてもらって、それを聞きながら麻原さんが判断したんじゃないかと思いますけど。

早坂　最初はそうかもしれないけど、後のことはわかりません。キャベツは本当に問題ありませんかと誰かが言うと、じゃあキャベツもやめようかということだったかもしれない。ならばこれもそうじゃないですか、みたいなことを言う人はいたようです。食事以外のことでも、オウムの中ではそうやってルールがどんどん変わっていくことがありました。

森　イスラムやキリスト教などでラジカルであるということは、原理主義的であることをも意味します。でも二人の話を聞いていると、以前のオウムからは、原理主義よりもむしろ緩さを感じます。二人だけではない。かつて接触したオウムの古参信者のほとんども、昔は緩かったとよく言います。よく言えば自由。悪く言えばいい加減。大学のヨガのサークルのようだった。それが急激に変わってしまう。その理由とメカニズムを、僕はずっと考えています。

食事の内容がよりラジカルになった過程について、弟子たちの報告や進言に麻原が応じたという可能性を、早坂さんはいま言及しましたね。すべてを自分で独断的に決めていたとのイメージを社会は持っているけれど、実は微妙に違うのかもしれない。でも最初に言い出したのは……。

深山　最初に言い出したのは、たぶん麻原さんだと思います。その後は相乗効果かもしれないですけど。

森　グルと弟子との相乗効果。相互作用。これは後半のキーワードになると思うけれど、今はもう少し食事の話を続けます。ジャイナ教の僧侶も白い布で口を覆い、座るときには生きものを踏まないように箒ではく。アヒンサー*ですね。最後は断食して死ぬことが理想です。殺生を本気で回避するならば、最終的には何も食べられなくなる。微生物は布では濾せないし、足もとにもたくさんいます。生きる限り、他の命を犠牲にすることから完全に離脱することはできない。まあもちろん、このジレンマは宗教者なら誰もが感じています。できる限り殺さない。それはそれで正しい。

早坂　だから粉もので、それを加工したもの中心になっていたんでしょう。そこに栄養素を入れていた。饅頭といっても鉄分が入っていたりというふうに。

森　そういえばアーチャリー（麻原の三女）が、「パンの中にビタミン剤を入れていたけど、火を入れた段階で全部ダメになっていますよね」って笑っていたけれど。

深山　吸収についてはあまり考えていなかったと思います。いまと違っ

＊アヒンサー
インドの宗教一般の重要な思想の一つ、不殺生を意味するサンスクリット語。古典的なヨーガ、大乗仏教にも取り入れられている。また非暴力主義を唱えたガンジーはアヒンサーの重要性を説いた。

て当時はまだ、そういう知識が充実していませんでしたから。

森　このちぐはぐさも、いかにも後期のオウムらしい。厳しいのに緩い。相反する要素が共存している。急激にラジカルになったからこそ、ちぐはぐなエリアが至るところに残ってしまったと僕は考えます。……僕はすぐに下世話な質問をしたくなるけれど、食事の不満はなかったですか。たまにはトンカツとかお刺身とか食べたくなりませんでしたか。

深山　私は不満はなかったけれど、外に食べに行っちゃう人もいました。オウムから一歩出ればいろいろな食べ物がありますから。サマナは業財《ごうざい》をもらっていたので、それでどうしてもほしいものを買って食べていた人もいました。

森　業財は要するに小遣いですね。月にいくらくらいですか。

深山　最初は月三万円もらっていました。ただ業財というのは、カルマの業《ごう》に財なんで、それを使ったら、あなたのカルマになるよというものです。逆に使わないでそのままお布施すると、布施功徳が積めたということになります。

早坂　僕が出家した頃は、月一万五千円でした。それからさらに減って、一九九五年の頃は月八千円になっていたと記憶しています。

森　大幅な減額ですね。もしも組合があればストライキを起こしていた。まあ八千円でも、ラーメンなら10杯以上は食べられる。

深山　その業財で好きなものを食べたりする人もいました。自主性に任されているので怒られることはありませんが、私利私欲のために使えば修行にマイナスになるというのがオウムの価値観ですから、たいていの人はなるべく使わないようにしていました。一切使わずにそのままお布施する人もいましたが、それで誰かから「偉いね」と言われることもありません。

森　僕は二十代の頃、禅宗のお寺で半年ほど修業したことがあります。

早坂　意外でした。森さんは宗教的なことにまったく関心がないと思っていたので。

森　ないですよ。当時はフリーターで家賃が払えなくてアパートを追い出されて、たまたま連絡をとった高校時代の友人から、「座禅さえ組むのなら食費と家賃はただだよ」と神奈川のそのお寺を紹介されました。長い一生なのだから、寺で修行する時期もあっていいかと考えたんです。

あてがわれた部屋は、使っていない風呂場の脱衣所でした。まずそのお寺で座禅の基礎を教えられ、一カ月くらい経ってから、山梨の山の中の修行場に行かされました。廃村の中のかつての保育園です。そこでアメリカやヨーロッパから禅に憧れて寺を訪ねてきた男たち十人くらいと共同生活を続けながら、ひたすら禅を組む毎日です。作務といって修行者たちは、禅を組む以外の時間に仕事をしなければならない。僕はもっぱら炊事担当です。一日二食。肉や魚などはもちろんダメ。だから野菜の天ぷらばかりつくっていました。

たまに寺に帰るのだけど、キッチンには住職専用の冷蔵庫があって、鳥のもも肉とかがたっぷりと保存されている。週に一回はお酒も飲めます。でもまあ確かに、身体が馴れてしまうと、肉や魚を食べたいとはあまり思わなかったかな。半年くらいが過ぎてから、住職にもっと現世で苦労してから来なさいと言われました。要するにまだ若すぎると。確かに他の修行者たちは、外国人も含めてみんなはるかに年長で、日本人では暴力団にいたとかで背中に見事な刺青が入っていた人もいました。座禅がすっかり日常になっていて、寺を出てからもしばらくは一人でやっていました。

早坂　オウムは一週間に一度お酒が飲めるということはありませんでしたが、その代わりというか、ほんの一時期のことですけど、どうしても食べに行くのをやめられない人がけっこういたので、富士の道場に「動物コーナー」というのがつくられたこともありました。石垣島セミナーで出家者が一気に増えた時代で、僕が出家した頃にもありました。

深山　食べたいものがあったら、生活班の人に言って、つくってもらいなさいということでした。食の戒を守れない、どうしても我慢できないなら、業財を使ってオウムの中で食べなさいということです。ネーミングは、我慢できないのは動物のカルマが強いからということを自覚させるためのものだったようです。どうしても我慢できなくて、何かを食べたいがために現世に還俗するくらいだったら、グルから供養してもらったものを感謝しながら食べなさいということだったと思います。

3　麻原彰晃の実像とは

つくられたイメージ

森　ＮＨＫスペシャルのシリーズ「未解決事件」の二回目でオウム真理教が取り上げられたとき、ドラマ・パートの主役は、かつて幹部信者だった深山さんをモチーフにつくられたキャラクターでした。ドキュメンタリー・パートと併せて、他のオウム報道に比べれば、誠実に制作された番組だったと思います。でもやはり、テレビというか表現だから、どうしても過剰になってしまう瞬間がある。

深山　私が独房修行*をしているシーンで、孤独に耐えかねて何度も壁を叩くシーンがありました。でも実際には、じっと瞑想し続けていたんです。そもそも壁は柔らかい石膏ボードですから、もし叩いたら一瞬

＊独房修行
外界から隔離された個室で行われる修行。一条の光もない暗闇の中で自らの心を見つめるのが目的としていたが、世間から信者への虐待行為であるという強い非難の声が上がった。

で破れます。精神的な葛藤を観る人に伝えるために、わかりやすいアクションで表現したということかもしれませんが、受け取る人のイメージは実際のものと大きく違います。修行中に麻原さんから電話があって、外に出て話したこともあります。

森　それも一般的なイメージと大きく違いますね。オウムの「独房」に入ったら、泣こうがわめこうが出られないと当時は報道されていました。結局はNHKスペシャルも、その前提からは逃れられなかった。

深山　最初は外から施錠されていた時期もあったけれど、すぐにみんな怠慢になってきたのか鍵はかけなくなりました。いつでも出ようと思えば出られるので、隣の部屋の人と話をすることも可能な状態でした。実際には誰もそんなことはしませんけど。ほとんど自主的に独房でひたすら修行を続けたという感じです。

森　でもそれでは画にならない。こうして情報が誇張される。実際にはもっとルーズだし自由だったのに、そうした要素は切り捨てられて、特異性ばかりが強調される。メディアでは常にあることだけど、オウム報道については、この要素がとても大きかった。こうして不気味さやおどろおどろしさが増幅した報道の帰結として、オウムは理解不能で邪悪で危険な集団になってしまう。絶対的な悪ですね。例えばナチスドイツ。あるいは今の北朝鮮やＩＳなども、負のアイコンとして社会が設定すれば、この力学はどうしても働きます。

深山　私は制作側の依頼でドラマの撮影にも立ち会いましたけど、全部の場面を見ているわけではありません。現場にいるときは、スタッフが必ず私に確認してくれたので、実際と違うところは指摘して修正されることもありました。でもそうでないときは制作者のイメージでつくられていたと思います。そうすると私の体験に基づいてつくっているはずなのに、どうしても自分が見たもの、体験したものと違ってきてしまうわけです。

森　特にテレビの場合は、他のメディアに比べれば不特定多数が視聴するので、わかりやすさへの希求が強迫観念的に働きます。その結果として四捨五入が促進されて、悪はより悪らしく強調される。

深山　それで結果的に、制作スタッフのイメージに近づいていったのかもしれません。でもNHKのスタッフの人たちは頑張ってくれたと思います。あのドラマについても局内にはかなり批判があって、上の立場の人から「これは自分が知っているオウムのイメージと全然違う」と言われたようですから。

森　そのイメージも、結局は他のメディアなどから得た、おどろおどろしさを強調したイメージです。僕が『A』や『A2』を撮っていた頃、最前線にいた記者やディレクターは、信者たちの多くは狂暴でもなければ邪悪でもない、と気づいていたはずです。ただし、そんな彼らがサリンを撒いて多くの人を殺傷したこともまた事実だから、混乱していたかもしれない。そして結局は、混乱や葛藤や矛盾は伝えられない要素として切り捨てられて、悪の特異点としてのオウムばかりが報道される。まあ何よりも、信者の多くは善良だなどと記事を書いたら、デスクに突き返されていただろうけれど。

人間は馴致しやすい生きものだから、オウムの悪辣さや危険性ばかりを強調した記事を書いたり映像を見たりし続けることで、やがて意識がそちらへ傾斜してしまう。自分たちが強調したことを忘れてしまう。その世代が、今のメディアのデスクやプロデューサーの位置にいます。

早坂　実際と違っているところがあるといっても、制作スタッフの人たちが悪意でやっている感じはしませんでした。それぞれのスタッフがそれぞれにオウムに対するイメージを持っていて、それをつい表現してしまったという感じでした。ましてそちらのほうが一般の人にわかりやすいなら、無意識のうちにそちらに流されるというのは仕方がないことです。しかも個人ではなく組織の仕事なので、取材源よりも制作側が共有しやすいイメージに近づいていったり、近づけていこうとしたりすることはあるでしょうから。

森　同感です。他と比べればNHKスペシャルはとても誠実でした。でもやはり組織の力学は働く。これは組織共同体における普遍的な現象です。群れる生きものである人類は、同調圧力に屈しやすい属性を本能的に保持している。そしてまさしく群れを体現する組織では、これがより強く発現する。一人ひとりはそろそろ止まるべきだとか何かおかしいなどと思っているのに、それを言葉にできず、全体は加速し続ける。……このメカニズムは、オウムがなぜあのような犯罪を起こしたのかを考えるとき、とても重要な補助線でもある。多くの人は、信者たちは麻原から洗脳されたとの解釈をしているけれど、僕は違和感があります。帰属する組織への同調は、洗脳とは微妙に違う。そもそも洗脳とマインドコントロールは違います。言葉の使い方が乱暴すぎる。

深山　NHKの取材のとき、千葉大学の会話分析を専門に行う研究機関に、麻原さんの説法や弟子たちとのやりとりのテープ音声の解析を依頼して、結果としてオウムの信徒たちは洗脳されていたわけではなく自分の意志で行動していたという結論になったということも、番組をつくっている最中にスタッフの方から聞きました。でもNHKは会社としてそれを受け入れられなかったみたいで、番組の中では最終的に洗脳だったという結論になってしまった。そこはスタッフの中でも、いろいろとせめぎ合いがあったみたいですけど。

早坂　自分が持つイメージに合わせて単純化する。だから矛盾が生じる。でもその矛盾を見て見ないふりをするという、どこにでもよくあるパターンなんだと思います。

森　検察が冤罪事件をつくる構造と同じです。矛盾はどんどん排除して、自分たちの筋書きに整合する事実だけを採用する。結果として事実は大きく歪曲されます。

早坂　特にオウムの場合、その手法を嵌めてしまうと、実態が見えにくくなります。教義のベースにあるものは変わっていませんが、活動内容やその背景になっている考え方、それから修行の方法なんかは時期によって大きく変わっていますから。もっと言えば同じ時期でも人によってやっている仕事の目的、修行の中身が大きく異なることもありました。だから誰を情報源にするかで事実の認識は全然違います。元オウムと現オウムの違いだけではなく、オウムの中で見聞きしたり体験したもの、価値観や教義の解釈なども違ってきたりというふうにです。多くの人たちは画一的な見方でオウムを見たがりますが、実態はもっと複雑で、百人いれば百とおりの見方になりかねないのがオウムだと思います。

麻原彰晃という人物について

森 百人いれば百とおりの見方がある。それはまったく同感です。「事実はない。あるのは解釈だけだ」とニーチェは言いました。そしてそれは、麻原についても同様です。『A』や『A2』を撮りながら多くのサマナに麻原の印象を訊いたけれど、あまりにバラバラで当惑しました。怖い人だと言うサマナもいれば、あれほど優しい人はいないと言うサマナもいる。父のようでしたと言うサマナもいれば、母性を感じたと言うサマナもいる。百とおりは当たり前だけど、ちょっと度が過ぎていると思いました。

麻原についてのこの見方は、早坂さんと深山さんも同じはずです。ただし二人は、元サマナではあるけれど、サリン事件をオウム施設内で体験しているし、ポジション的にもかなり麻原の傍にいた。だから麻原について、思うことや思い出せることを教えてほしい。些細なことでもなんでもいいです。深山さんは麻原に言われて、祭壇に飾るシヴァ神の絵を描いたことがあるのですよね。

深山　シヴァ神、正確に言うとシヴァ神のグヤサマジャと呼ばれる宗教画です。描くきっかけは、在家の信徒時代に曼荼羅を描いてほしいと言われたことでした。深山さんはプロのイラストレーターなんだから謝礼を払いますと言われたのですが、バクティ*でやらせてくださいと言って謝礼は辞退しました。でもやっぱり本業のお金をもらう仕事のほうが優先になってしまって、なかなか進まない。麻原さんはそれに対して怒るということは絶対になくて、「じゃあ今度は」という感じで、本尊を描いてくれという依頼が電話できました。

森　まだ出家する前ですね。普通は依頼が途絶えるところなのに、なぜか本尊を描く仕事を麻原から依頼された。

深山　そうです。これは麻原さんの特徴というか、できないことを怒るのではなくて、そういうときはさらにやる気を起こさせるようにしてくれます。電話で

---

*バクティ
「バクテ・ヨーガ」を語源とする言葉で、教団への「奉仕活動」を意味していた。

細かく指示があって、すぐに取りかかりました。あまり意識していませんでしたが、ご本尊ということでやる気が出たようです。

その絵は『マハーヤーナ』に掲載されました。麻原さんはその絵を丁寧には扱ってくれましたが、出家前、つまり現世にいながら描いたものですから、「この部分のこの色はエネルギー的には強いが、性欲を表していて現世的だ」というように評価をされました。えーっとかって思いながら、やっぱり悔しいという気持ちがありました。

森　その頃の麻原は普通に目が見えていたのかな。

深山　見えていました。後になって私がグヤサマジャを描かなくなったのは、麻原さんの目が見えなくなったからだと思います。自分で直接確認することができなくなったから、指示がなくなったんだと思っています。

森　麻原の目はいつ頃まで見えていたと思いますか。

深山　選挙の頃には完全に失明していたと思います。

森　今も麻原は実は目が見えていたと言う人はたくさんいるけれど、その根拠はとても脆弱です。例えば音がする方向に目を向けたから見えていたとテレビで発言していた識者がいたけれど、目が不自由な人は左右の耳で音を聴こうとするから、音の方向に顔を向けることは普通です。あるいは裁判の際に証言台で自分の名前を書いたことを根拠にしたジャーナリストもいたけれど、彼は中途失明ですから自分の名前くらい書けて当たり前です。一審の主任弁護人だった安田好弘弁護士は、警視庁の接見室で小さなテーブルを挟んで話していたときに突然部屋の明かりが消えて真っ暗になったのに、麻原はまったく同じ調子でしゃべり続けていたよと教えてくれました。

全聾を騙っていたとして社会からバッシングされた佐村河内守の騒動と、構造はよく似ています。彼もまた中途失聴で、しかも難聴だからグレイゾーンがあった。そのグレイをメディアは黒に染めてしまう。全聾はもちろん事実ではないけれど、だからといって反転して「完全に聞こえている」も事実ではない。世界は複雑です。多面的で多様的。でも多くのメディアはこの世界を単純化してしまう。それは矮小化です。佐村河内にしても麻原にしても、根底にあるのは障害への理解不足なのに、悪として強調したいがゆえに、こんな簡単なことに気づかない。

……話を変えますね。二人は麻原からホーリーネーム*をいつもらいましたか。

深山　私は独房での修行が終わって「成就した」と言われたときです。正式にはマチク・ラプドンマという名前です。

森　紙に書いて渡すのかな。そもそもどうやって決めるのだろう。

---

*ホーリーネーム
オウム真理教で使われていた宗教名。パーリ語やサンスクリット語の名前がつけられていた。付与の条件は時期によって異なっていた。

深山　私のときは、独房修行中に麻原さんから電話がきて、見えた光やそのときの心の状態を話しなさいと言われたので説明したら、独房から出て名古屋に来なさいと言われました。そのとき麻原さんは説法会のために名古屋支部にいたんです。でも最初は、マチクではなくプチマという名前でした。東京に戻ってから、また麻原さんの部屋に呼ばれました。行ってみたらにたっと笑って「名前はマチクだ」って言うんです。チベット密教の有名な女性修行者の名前だったんですけど、最初は表記を間違えていたようです。名古屋で会ったときの麻原さんは見るからに疲れていて、このままでいいかと言って横になりながら話したので、たぶんそういうエネルギーロスも影響していたんだと思います。「もう別の名前でみんなに伝わっているような気がするんですけど」と言ったら、にたにたといたずらっぽく笑いながら「気にしなくていい」って。大事なのは意味合いだとも言われました。この程度のことはまったく気にしないおおらかなところがありました。

森　うーん。最終解脱者なのに表記を間違えるのですかと突っ込みたいところだけど、揚げ足取りになるから言わない。あたふたしないところは麻原らしいといえば、らしいですね。早坂さんのホーリーネームは?

早坂　キレーサ・パハーナ・アーナンダです。

森　それも仏典に登場する人の名前ですか。

早坂　違います。僕の頃から過去の人の名前がそのままつくのではなくて、言葉の意味合いでホーリーネームが与えられるようになりました。パーリ語だと思いますけど、意味は「煩悩捨断の喜び」というふうに教わりました。

森　変わった理由は仏典に登場する人の名前をほとんど使っちゃったから？

早坂　それもあるけれど、意味合いで名前をつけたほうがその人に合った名前がつけられるということだったと思います。それで日本人にはそういうふうにパーリ語、あるいはサンスクリット語のホーリーネームが与えられましたが、ロシア人のサマナには日本語の名前が与えられていました。「〇〇童子」とか「〇〇童女」みたいな感じで。「〇〇菩薩」という名前がついている人もいました。

森　戒名みたいだな。早坂さんは麻原からどのように名前をもらいましたか？

早坂　極厳修行から出て編集のワークに戻ったときに上九*にいました。そこで仕事をしていたら、事務の人から「尊師が第二サティアンの三階に来てほしいそうです」という電話がかかってきました。行ってみたら麻原さんがいて、その場でホーリーネームはこうで、意味はこうだと言われました。

＊上九
オウム真理教の施設が点在していた山梨県・上九一色村の略称。2006年の市町村合併で北部が甲府市に、南部が富士河口湖村に編入合併された。

森　嬉しかったですか。

早坂　サマナにとってエネルギーのヨーガといわれているクンダリニー・ヨーガの成就*をしてホーリーネームをもらうことが一つめの大きな目標になっていたので、それは素直に嬉しかったです。ただ、それまでは仏弟子とかの名前をそのまま使うことが多かったのに、僕は言葉の意味合いで名前をつけられた走りだったようなので少し戸惑いもありました。

森　実際には、ホーリーネームは誰が考えていたんですか。

深山　全部麻原さんでした。

森　本当に？　パーリ語の翻訳を担当している信者とかじゃなくて？

早坂　パーリ語の翻訳をしている人が関わっていたとしても、あくまでサポート役だったようです。僕がホーリーネームをもらったときにも、麻原さんの横に翻訳チームの責任者の方がいました。たぶん麻原さんがその人に「こういう意味の言葉はパーリ語でなんというんだ」と聞きながらつくったんだと思います。

麻原の女性関係

＊成就
規定の条件をクリアして、ある段階に到達した状態とされている。

森　麻原は浮気がばれるたびに、妻である知子さんに髪の毛を引っ張られて悲鳴を上げていたと、元信者から聞いたことがあります。

深山　そこはよくわかりませんけど、他の人たちのような単純なグルと弟子という関係ではなかったようです。例えば知子さんが独房に入っていたとき、麻原さんにポータブルトイレの交換をさせていたことがありましたから。

森　知子さんの指示で？

深山　その頃の知子さんは麻原さんのことを、グルであると同時に夫として見ていたのだと思います。

森　なるほど。知子さんはどのくらい修行されていたんですか。

深山　四女が生まれるとき、独房修行に入っていたのを覚えています。それ以外でもステージを上げるための修行にときどき入っていましたけど、ワークをしている姿が印象的で、修行をしていた印象はあまりありません。そのせいかもしれませんけど、「（知子さんは）グルのエンパワーメントだけで、イニシエーションで成就した人」と言っている人もいました。でももともと麻原さんの奥さんなので、そこはもう特別というか、ほかのサマナとは別のポジションなので。

森　一般社会的な感覚で考えると、お金も人望も集めた団体のトップの妻だから、いろいろな特権みたいなものがあったと思う。安倍首相の妻の昭恵さんみたいな存在ですね。世間的には超VIPです。だからいろいろ問題が起きる。……知子さんは能力的にはどうなのだろう。もちろん、人とか女性としての能力という意味ではなくて、修行者や宗教者として、という意味です。

深山　うーん、昭恵さんと知子さんの位置づけはかなり違うと思います。知子さんに与えられていたのは宗教的な権限だけで、担当していた部署以外を自由に動かすこともありませんでした。能力的にはもともと高かったし、修行していく中でさらに上がっていったと思います。最初、麻原さんの本は全部、知子さんが書いていたと聞いています。事務処理能力がすごくて、早く処理したい場合は彼女を通すといいという雰囲気もありました。

ただ、良いことも悪いことも遠慮なく言葉に出すので、そこはちょっと怖かったです。怖いといっても宗教的な意味のものですけど。

森　宗教的な意味を具体的に言えば?

深山　口に出したことがそのまま現象化することが多かったようです。そういう話は麻原さんの説法にもありました。知子さんの場合は、そういう条件を満たしているので、マハームドラーの成就者として認定されたということでした。実際に思念の力が強いというか、話していることいつの間にか相手が流されそうになってしまうようなことはあったようです。知子さんの神秘体験みたいなものを読んだり聞いたりすると、すごいなと感じることがありました。

森　麻原が何人もの女性信者に手をつけたことは事実ですか？

深山　いわゆる密教の教えにはそういう修行法があることを知っていましたし、その意味合いについて説法で教わったことはありました。ただ、オウムの中で公然と行われていたわけではないのでそこはよく知りません。普通は瞑想の中でイメージとして、神々やグルと交わるというのが一般的でした。それは淫らな想像をするのではなくて、性エネルギーを生命エネルギーであるクンダリニーに変容して昇華し、グルや神々と合一して解脱や悟りを開くというものです。それを瞑想でなく、実際に行うこともあると麻原さんから聞いたことがありますが、最も粗雑なやり方であるということでした。実際に行われていたことに修行的な意味合いがあったとすると、女性は激しい修行ができない人が多いので、エンパワーメントによって霊的ステージを上げる、そういう方向で成就させようとしていたということだったんじゃないかと思います。

早坂　教えとしてはさまざまなものが説かれていました。今の話にあった密教的なもの、つまりタントラヤーナ*的なものや、オウムの凶悪事件のベースになったとされるヴァジラヤーナ的なものとか。いずれも今の時代には受け入れられない反社会的なものです。ただし、麻原さんがこうした反

＊タントラヤーナ
一般的には秘密真言乗と訳される。オウム真理教では、小乗では否定されるべき煩悩や観念を利用した修行法ととらえられていた。

社会的な教えを弟子たち全員に実践させることを前提にしていたかというと、それは違います。説法の中でのニュアンスは、こういう修行法もあるという感じで、一つの知識として教えているようでした。凶悪事件に関わったサマナたちの一部で秘密裏に実践されていたようですが、そういうのはあくまでも例外です。僕もそうですけど大多数のサマナは、タントラヤーナやヴァジラヤーナなどの教えについては、自分とはあまり関係のないものと受け止めていたと思います。実際、オウムの中では、カルマ交換になるからといって同性同士でも相手に直接触れることが避けられていたくらいですから。

森　ところが、シャクティーパットも含めて、麻原は他者との接触を遮断しなかった。それどころか複数の女性と性行為を持った。だからすごいとの論理ですね。……それはやっぱり申し訳ないけれど、一般の感覚からは屁理屈以下にしか聞こえないです。

早坂　シャクティーパットと女性との性行為を同一と考えたりとか、「だからすごい」ということを主張する気はまったくないです。いまのはあくまでオウムの中の価値観と、それに基づく麻原さんの女性問題の受け取り方の違いを述べただけのことです。おっしゃるとおりで、密教的なものは言葉で説明しても、理解できない人には屁理屈以下にしか聞こえません。だから公にしてはいけない秘密の教えになっているんだと思います。大々的に報道されたので麻原さんの女性問題は公然の事実になっていますが、当時のオウムの中では大多数の人が知りませんでした。一部に知っていた人がいたり、可能性としてあると考えていた人もいたと思いますが、そういう人たちはいまのような解釈で受け入れていたのではないかということです。どちらにしても反社会的なことにかかわりはないので、公然と行われていたら入信する人も出家する人も少なかっただろうし、集まった人の質もかなり変わっていたと思います。

森　妊娠した女性信者も複数いる。麻原の子どもは全部で何人いるんですか。

深山　全部で十二人だと聞いています。

森　知子さんとの間に五人だから、七人は母親が違う子どもですね。やはり性的な意味では、麻原は相当に奔放すぎると思うけれど。

深山　そこは先ほどの話とは意味合いが違っていたかもしれません。高い世界の魂や高いステージの子どもをこの世界に降ろしたいという話を前々からしていましたから。相手も含めてかなり計画的に行っていたような気がしています。

森　サマナたちの普段の生活では、女性と男性の寝る場所は別々だったんですか。

深山　分かれている部署もありましたけど、分かれていない部署もありました。というか寝室のようなものがあったわけではないので、基本的にはほとんど雑魚寝みたいな状態でした。

早坂　例えば僕がいた編集の部署だと、だだっ広い空間に大きな机がいくつも並べられていて、そこで一人一つを使って作業していました。寝るときは寝袋に入って、自分用の机の下に潜り込んでいた感じです。集団で作業をする部署では規則正しい生活をしていたようですけど、編集は基本的に二十四時間営業のような感じで、いつ寝るかも睡眠時間も人によって違っていました。そんなふうにオープンなスペースでの雑魚寝だったので、おかしいと思ったことはなかったです。

森　なぜ別にしないのですか。そこで何かあっても、性的破戒にはならないということ？

深山　破戒です。トイレも風呂も男女で分かれていたし、ワークや生活スペースまで完全に分けちゃえば簡単に捨断できますが、救済活動をしていくという前提があるからそうしていたんだと思います。免疫のない状態で外に出て活動をすると、修行していない人のカルマを受けたときにすぐにおかしくなっちゃう。異性が傍にいても、お互いに修行者なら煩悩を捨断しやすいし、そうやって慣らしながら最後は異性に対するとらわれを完全に捨断していくという理由があったんだと思います。

森　とらわれを遮断するために男と女が敢えて雑魚寝する。……理屈としてはわかるけれど、でも同時に理屈だけのような気がします。

深山　近くで雑魚寝をしている異性を見て、条件反射的にすぐ襲いかかりたくなるような人はサマナの中で見たことがないです。もしも意識が下がってそういう煩悩が出てくることがあったとしても、その場から立ち去ったりして、その煩悩と一生懸命戦おうとするのがサマナですから。場の雰囲気がそういうものなので、当時は男女で雑魚寝をしているのを意識したこともありませんでした。疲れたからそこで休んでいただけというか。それを一般的な感覚でおかしいと言われても、集まっている人の意識や場の雰囲気がもともとまったく違うとしか言いようがないです。みんな性欲が完全になくなっていたわけではないですけど、煙草とお酒の話と同じで、過度なストレスがなければそういう欲求が出にくくなっていました。

森　煙草や酒はともかく、食欲や性欲はストレスとは無関係のような気がします。……性欲は関係あるかな。

深山　食欲もそれなりにストレスの影響を受けるようです。実際にあった食の破戒のパターンは、ストレスが高じて食事の回数が増える、量をたくさん食べるようになる、オウムで出されているもの以外のものを食べたくなるという感じでした。性欲の場合、いきなり男女の関係になるのではなく、特定の異性と話すことが増えるという感じなので、その段階でまわりが気づいて注意をしたり、部署異動や修行に入れたりして物理的に距離を離すことも行われていました。それで収まることもありますが、すべてのケースで強引に仲を引き裂くようなことをしていなかったので、そのまま破戒に至ることもありました。

森　破戒して子どもを持った人もいるんですか。

深山　数は少ないけどいることはいました。十年近く教団にいた中で、私が知る限りでは二組ほどです。子どもができた場合は、在家に戻って結婚させられました。どういう事情でそうなったかはわかりませんけど、なんであれ自分たちがしたことの責任はちゃんと取りなさいということだったと思います。

一九九〇年の衆議院選挙と石垣島セミナー

森　選挙のとき、オウムの街宣を見て世間はあきれました。ガネーシャ*の仮面をかぶって踊ったり、麻原の名前を連呼する歌を唄ったり。たまたま見かけて僕も、この集団は頭のねじが切れていると思いました。もちろん信仰は、その前提がない人から見たら奇異な場合は少なくない。例えば仏教にまったく知識がない人が日本のお葬式を見たら、お経とか木魚とか、とても奇妙に思えるはずです。特に木魚なんて頭蓋骨に見えるかもしれない。それは考慮しながらも、オウムのあの選挙運動は、ちょっと常軌を逸していました。そもそも二人はオウムが当選できると思っていたのですか。

早坂　最初から最後まで思っていませんでした。僕はその頃まだ在家で、たまたま麻原さんが出馬した選挙区に住んでいました。オウムだけでなく世の中の雰囲気を見ていたので認識がまったく違っていました。ただ、票があれほどに少なかったのは予想外でした。

＊ガネーシャ
ヒンドゥー教の神の一人で象の顔を持つ

深山　私はどっちとも考えていませんでした。とにかくやるべきことを一生懸命やろうという感じでした。私自身も東京のある選挙区から出馬しました。選挙が始まる前は大阪支部で支部長をやっていて、自分が出ることになるなんて全然知りませんでした。

選挙に出ることは全員一致で決めたということになっていますが、私は支部にいてこの話し合いに参加していないから、連絡を受けたときには全員一致じゃないと思ったのを覚えています。その後、東京にすぐ来るように言われて行ってみたら、自分が選挙に出ることが決まっていました。選挙ポスターの撮影の間、待機するために用意されていた部屋で待機しているときは頭が真っ白でした。

その部屋にはほかに、よく知っている二人の男性の師がいました。二人とも、頭のてっぺんだけ髪の毛を剃ってフランシスコ・ザビエル風の髪型になっていました。一人はそれを手で隠して、もう一人はそれをさらけ出しながらふて寝していました。何が起こっているかわからず、さらにパニックになったけれど、そのときは考えるのをやめて、とにかく寝ようと思ってベッドに入りました。

森　いきなりザビエル。すごいな。なぜ剃ったのかって質問しなかったんですか。

深山　二人ともそのことに触れてくれるなという感じだったので私から聞くこともしませんでした。次の日になったら、二人とも髪の毛を全部剃って坊主になっていました。二人も選挙に出ることになっていたみたいですけど、最初はそのザビエル風の髪型で選挙に出ろと麻原さんに指示されたようです。それは結局、二人へのマハームドラーだったんですけど。

森 つまり、やりたくないことをやらせるということ？

深山 二人とも女性にすごくもてていました。オウムの中では、もてるということは性器のチャクラからエネルギーを漏らしていることになるので、それを捨断させるために恥ずかしい格好をさせられたんだと思います。二人とも異性の前であからさまにかっこつけるようなことはなかったけど、潜在意識にはそういう気持ちがあったんじゃないかと思います。そこに気づかせて捨断させるために、あえて恥ずかしい髪型にして選挙用の写真を撮って、東京中に貼り出すということを麻原さんは言われたようです。一種のカルマ落とし*だったと思います。

森 選挙後に石垣島セミナーがあって、そこで一気に出家者が増えました。それまでは出家に対してハードルをかなり上げて厳しく選別していた麻原が、石垣島セミナーの前後に一気に門戸を開いた理由を、二人はどのように考えますか。

深山 セミナーの前は、在家信徒の人たちにとって大きなマハームドラーのような状態が続いていました。それを考えると、出家の条件をいきなり下げたとは思えませんでした。

＊カルマ落とし
その人が過去に為した悪業を落とすこと、とされている。

森　えーと、ちょっと待って。出家者ではなくて在家信徒にマハームドラーのような状態が続いたという意味がわからない。

深山　週刊誌やテレビがオウムのことを批判してましたし、その時期にちょうど坂本弁護士一家失踪事件があって、社会と直接接している在家信徒はたいへんな思いをしていました。出家者は外部の情報をできるだけ遮断しているけれど、在家はそうした情報にさらされています。それに耐えながら、オウムの信徒であり続けてきたわけですから、出家の条件を立派に満たしていると判断されたのかもしれません。それにそういう人たちは、肉親からもやめろと言われたりして現世では修行しづらい状況になっていたと思うので、そのことに対する救済措置ということでもあったと、私はそのように理解しています。

森　つまり、オウムに対して世間では否定的な風潮が強くなってきたからこそ、それでも出家したいとの気持ちを持ち続ける人は、マハームドラー的な条件をクリアしているとの理屈ですか。

深山　世間からバッシングを受ける中で、オウムをやめるか、続ける場合は生活が壊れるからオウムの信徒であることを隠すか、それとも出家するしかないというような選択を迫られている人たちは増えていました。そういう中で出家の道を選ぶ人の気持ちは本物だという、一応の目安のようなものはあったと思います。

森　念のために訊くけれど、マハームドラーの意味を僕は試練と解釈しているけれど、それで間違いないですか。

深山　かなり一面的な解釈ですけど、ひとことで言うならそうなると思います。なんでもかんでも闇雲に試練を与えているのではなくて、その人の修行の妨げになっている煩悩やとらわれに気づかせて落とさせるためにグルが与えている試練というふうに位置づけられていました。

早坂　もう少しだけ付け加えておくと、クンダリニー・ヨーガの次の段階の修行は、最初はジュニアナ・ヨーガを考えていたようです。思索のヨーガと言われているもので、自分の煩悩やとらわれなどを見つめながら、思索によって深い意識で悟っていくというものです。それを現世的な価値観でなく宗教的価値観を拠りどころにして行いますが、観念が強いとなかなかできないので、マハームドラーに変えたということでした。

これは自分では気づいていない、あるいは気づいていても向き合えない煩悩やとらわれを、グルが様々な仕掛けをしながら無理矢理引き出して、最終的に乗り越えさせていくというものです。そのとき弟子はたいへん苦しみますが、乗り越えることができたときには、ジュニアナ・ヨーガの修行で得られるのと似た高い境地に到達できるとされていました。この仕掛けはすぐに終わるものもあれば、十年、もっといえば一生とか何生もかかるものもあるということでした。この時間感覚は理解不能だと思いますけど、一応そういう感じです。

森　出家する際には自分の財産は全部寄進する。だから出家者を増やせば教団の財政が潤うかといえば、実はそれほど簡単ではない。なぜならオウムには、学生とか財産のない人が多く出家していた。それは僕も撮影中にたくさん会っています。しかも出家したならば、その人たちの日常を教団が支えなければならない。撮りながら、収支のプラスマイナスでいえば、出家する人が増えることはかなり微妙なのだと気づきました。

深山　先ほども言いましたけれど、その頃の教団の運営は自転車操業だったようですから。

森　オウムはむやみやたらに出家させて、財産をむしり取って金を貯えた、とのイメージを持つ人はいまだにたくさんいるけれど……。

早坂　ある瞬間だけ切り取れば当たっているけれど、もう少し長いスパンで考えると明らかに間違っています。一時的な収入だけを見て固定費、日常的な経費の増加のことを考えていないので。ビジネスモデルとして考えるとあまりうま味はないというか、それで儲かるとはとても思えないです。

森　営利目的で出家者を増やそうとしたわけではない、ということになりますね。もしも営利目的ならば、信者には出家などさせずに現世で仕事を続けさせて、お布施などを定期的に納めさせるほうがいい。だからこそ新興宗教の多くは、出家ではなく在家主義を取っています。ところがオウムは出家にこだわった。

早坂　だからオウムを「金儲け主義」とする見方は、当時から的外れだと思っていました。危険性の質が違っていたということです。現世的に教団を豊かにするとか、人を増やして自分が偉くなりたいとか、麻原さんにそういう思いはなかったと思います。動機に関してはもっとピュア。彼は救済者であると同時にグルであるという自覚が強くて、弟子を指導することが自分の役割だと強く思っていましたから、それに基づいて行動していたんだと思います。ただし、そこは一般の価値観でいうと、ちょっと歪んでいるところもあった。オウムの危険性というのはその部分だと思います。

森　それを聞きたい。何が歪んでいたのですか。

麻原彰晃の「歪み」とは

早坂　わかりやすいのは、凶悪事件のベースになっているとされるヴァジラヤーナの教えのようなものまで説いていたことです。すべての弟子が実践することを前提にしてはいなかったといっても、多くの人がその教えに触れられるようにしていました。これは麻原さんの特徴で、物事を教えるときにまず全体像を示して、それから細かい部分を一つひとつ丁寧に説明していきます。だから危険な教えを説いたこと自体は、おかしなことではありませんが、一方でその教えに基づいて自らが行動したり、一部の弟子に行動させて、ああいう結果になったということとだと思います。それは一般の人だけでなく、多くの弟子にとっても受け入れがたいことですけど、それにしてもベースにあったのは「正義感」です。ただ、一般の価値観からするとかなり歪んだ「正義感」になるんでしょうけど。

森　その「歪み」を具体的に教えてください。

早坂　麻原さんは本気で魂の救済を考えて、宗教的価値観に基づいて動いていたんだと思います。その価値観は、一般の人にはとても受け入れがたいものなので「歪んだ正義感」と言っているわけです。

森　つまりこの場合の「歪み」は、実際に歪んでいたということではなくて、オウムの外の一般的な感覚や倫理からは歪んで見える、ということでいいですか。

早坂　はい。もちろん宗教的価値観ではたとえ「純粋な正義感」になるんだとしても、弟子たちにとって無条件で受け入れられるものではありません。在家の信徒やサマナは一般の人よりも許容範囲は広いですけど、そこは人によって大きな差があります。少なくとも僕には、その宗教的な「正義感」で人を殺すことはできないです。

深山　ヴァジラヤーナについては、本人にとっては「純粋な正義感」であっても、悪業には悪果が伴うというふうに麻原さんは説法などで話していました。つまり実践すれば現世的な安定は壊れるという自覚は、麻原さん本人にもあったということです。麻原さんに教団や体制を維持したいという気持ちがあったなら、悪果が伴うヴァジラヤーナの活動などはしなかったはずです。そのほうが宗教団体の教祖として安泰だからですけど、結局それを望んでいなかったからいまのような結果になっているんだと思います。

森　つまりヴァジラヤーナを実践すれば、教団と自分は破滅するかもしれないとの自覚があったということですね。ならば麻原の一審判決文には、「救済の名の下に日本を支配して、自らその王になることを空想し、それを現実化する過程で一連の事件を起こした」と事件の動機が説明されているけれど、それは違うということですか。

早坂　なにを根拠にそう判断しているのか知らないので答えようがないです。これはオウム裁判全般にいえることですけど、麻原さんやオウムの中の宗教的な価値観はほとんど考慮されていない感じがしています。日本を征服するのが動機だったというのを明確に否定することはできませんが、その反対に自分の知っているオウムの価値観でそれを説明するのも困難というか、ほとんど不可能です。だから動機はもっと別のところ、そもそもオウムは徹底して宗教的価値観で動いていたのだから、そちらから見るのが自然ではないかと考えて推測しているわけです。

森　確かにオウムへの社会の眼差しについては、宗教的な視点がほぼ欠落している。人を殺すような組織は宗教ではないとの前提ですね。それは明らかな間違いです。歴史の縦軸を見てもいまの世界の横軸を見ても、宗教と殺戮はとても相性がいい。なぜなら宗教は、死と生のハードルを下げてしまう働きがあるからです。

人はなぜ信仰を持つのか。自分が死ぬことを知ってしまったからです。イルカやチンパンジーなど知能が進んだ生きものは、他者が死ぬことは理解している可能性があるけれど、自分はいずれ死ぬとはわかっていない。体験がないからです。でも人は演繹という機能によって、自分もいずれ死ぬことを知ってしまった。だからこそ世界の信仰はすべて、自分が死んだ後の世界について説明しようとする。輪廻転生に天国に地獄に浄土や煉獄。語彙は宗教によって違うけれど、死んだ後も魂が存続するという教えの根本は共通しています。……実のところブッダは、死後の世界や魂の存在を一度も説かなかったとの説がある。だからこそ初期の仏教は、宗教ではなく哲学であるとの見方もできる。でも死後を説かなければ布教はできない。こうして仏教にも天国や浄土など死後の概念が付加された。でも死後の世界を担保するということは、死と生とを転換することが可能になったということでもある。イスラム過激派の自爆テロは典型ですね。死後が約束されているからこそできるわけです。信仰は時として生の価値のハードルを下げる。だからキリスト教でもイスラムでも仏教でも、自殺は絶対にやってはいけないとして教えられます。だって今の生が苦しいのなら、リセットして次の生にしようと考える人が大量に出てきてしまうから。そして自分の生の価値のハードルを下げることができるということは、他人の命へのハードルが低くなることと同義です。第二次世界大戦中、浄土真宗は戦争に協力する理由を、悪い英米を懲らしめて立派に生まれ変わらせてあげましょうと説きました。これは要するにポア*です。だからこそ日本の既成宗教は、オウムの事件が起きたときに一斉に沈黙した。迂闊なことは言うべきではないとの感覚があったのだと思います。

オウムは宗教です。そして宗教は人にとって、とても危険な側面を内在している。でも自分が死ぬことを知ってしまったからこそ、人は宗教を手放せない。その視点は絶対に外せない。

早坂 オウム問題を考えるときに宗教的な視点は大事ですけど、森さんの宗教観や解釈はかなり偏っているように思いました。例えば仏陀は死後の世界や魂の存在を一度も説かなかったという主張はたまに聞きますが、何を根拠にそう言われているのかわからないです。経典は確かに釈迦牟尼の死後に編纂されたものですが、少なくともそこには転生について直接的に話されている記述も、人間以外の世界や輪廻転生があることを示唆している記述も、単なる「方便」で説明できないくらいにたくさんあります。それから僕の中での宗教の定義は、その人の生き方のことなので、手放すとか手放せないというのがよくわからないです。たぶん森さんが危険と言われているのは、多くの人の生き方に影響を与えている既存の経典や宗教団体の教えの中の、現代科学で考えたときに合理的と判断できない部分を指しているんだと思い

＊ポア
自分ないし相手の意識を高い状態へ転移することをいう。転じて、教団が起こした殺人事件もポアが目的ととらえられていた。

ます。そこをなんの検討もなしに受け入れることが危険だということであればそのとおりだと思います。ただ、僕らが毎日生きている中で常識を学んでいるように、日常生活の中で生まれたときからある宗教的価値観を身につけている人もいるので、それを第三者の立場で安易にどうこう言いたくはないです。

深山　死を強く意識することで、逆に生きるということを真剣に考えることができると私自身は痛感しています。いまの話は死後の世界というより、カルマというものを前提にしているかどうかで受け取り方は違ってくると思いました。自分の為したことが自分に返ってくるというのがカルマの法則です。カルマによって来世が決まるのであれば、この生をおろそかにすることはできないし、まして自殺などあり得ないです。転生はリセットなんかでなくて、この生の続きになるからです。逆にカルマというものを考えなかったり、都合よく解釈することができれば、死後の世界があろうとなかろうと、平然と人や他の生き物を痛めつけるようなことができてしまうのではないでしょうか。

それからそれぞれの教えの違いを無視して、死後の世界を語っているという共通点だけを見て危険と言っているのは乱暴だと思いました。それはテロを積極的に行っているＩＳの存在によって、テロを強く否定しているはずの他のイスラム教徒まで差別を受けているいまの状況と同じ構図になってしまいます。そこにあるのはまわりの無理解ではないでしょうか。

森　ブッダが死後の世界について説かなかったとされる大きな論拠は、愛弟子のアーナンダに問われたときに沈黙したとか、他の修行者から同様の質問をされたときに「死後に魂が存在すると考えるか存在しないと考えるかはともかく、まさに生老病死はあり、悲嘆や苦悩は続いている。だからそれらを克服することをわたしは教えるのである」「わたしが説かないことは説かないと了解せよ。わたしが説くことは説くと了解せよ」などと言ったと記述されている経典です。バラモン教で「真我」を意味するアートマンの存在をめぐる論争なども残されています。これらを読めば、単純に死後の世界やアートマンの存在を肯定したとか否定したとかのレベルではなく、形而上的な問いに対しては答えないとの姿勢を維持し続けたという解釈をすべきかもしれないですね。最も形而上的な概念である宗教の祖であるのに、形而上については徹底して答えない。こうしたことだけでも、ブッダは単なる宗教者のカテゴリーには収まらないと感じます。

転生は仏教やチベット密教などの思想だけど、キリスト教やイスラムとは違います。ＩＳの喩えはよくわからないけれど、解釈によっては危険であるという意味では、宗教全般がその要素を充填しています。もちろん、オウムも例外ではありません。

ただし、死後の世界や魂の輪廻だけではなく、例えば聖なるものへの憧れや渇望も、宗教の原動力のひとつです。なぜなら人間は自分が決して聖なる存在ではないことを知ってしまったから。危険さだけを強調するつもりはありません。二人にそう聞こえたならそこは少しだけ修正します。でも、宗派によって細かな違いがあっても、死後の世界を担保するという共通項があるかぎり、危険性は常にあると僕は思います。

早坂　いまの話は申し訳なくなるくらいにほとんど同意できるところがありませんでしたが、聞いていて自分がなぜオウム以外の宗教に惹かれることがなかったのかよくわかりました。宗教では長い年月を経て教えが変わっていくことはありますが、誰かが意図的に教典を書き換えるのではなく、別の言語に翻訳する段階でニュアンスが変わったり、解釈の仕方によって変わっていくのが一般的です。仏教でもいまやられたような形で、ある特定の経典や記述を切り取ってその人なりに解釈をして、釈迦牟尼が説いていたのは本当はこういうことだという新説が唱えられることはよくあります。

世間ではオウムも同じことをしていたと思っているようですが、そこは大きな誤解です。正しく受け取っていたかは別にして、少なくとも麻原さんは釈迦牟尼の教えを正しく知るための努力をしていました。オウムの中で釈迦牟尼が使っていたマガダ語と言語的に近いパーリ語の古い経典を古い辞書を使って一語一語にこだわって検討しながら翻訳させて、教えの一部ではなく全体像をつかみつつ、評論家や学者ではない同じ瞑想修行者の立場からの解釈を試みていたのはそのためです。よその国やいまのことはよくわかりませんが、古い時代の教えに学ぶときにやらなければいけないそういう当たり前のことをやっていたのは、当時の日本ではオウムしかありませんでした。そういう生真面目なところに自分は強く惹かれていたんだと、あらためて気づきました。

深山　釈迦牟尼が相手の状態や機根によって教えの説き方を変える対機説法をされていたのは有名です。森さんがいまあげられた例は、私にはそういうものに思えました。例えばその対象にとっては、はっきりと見ることができない輪廻転生のようなものに心を奪われるより、まずは目の前の現象をしっかりと見つめるのが大事だということを教えたかったということです。

早坂も言っているように、経典には形而上的な問いに答えている場面の記述があるものもたくさんあります。例えばパーリ仏典の「サッチャ・サンユッタ」（帝釈相応）には、輪廻の中で上の世界に生まれ変わることがいかに難しいかというのを釈迦牟尼ご自身が弟子たちに対して延々と説いている話が載っています。

じつはそれと同じ意味合いの話は『虹の階梯』にも載っていました。そこではチベットのグルが弟子に対して説いた教えとして紹介されていましたが、それを見たとき、こういうふうにブッダの教えを丁寧に語り継いでいるのがチベット仏教なんだと思いました。

チベットの僧の方たちは、生涯をかけて仏法を学ばれています。そして、教えの真意を少しでも間違えて誰かに伝えたら大きな悪業になると信じているので、本当に慎重に法を学ばれて語り継いでいます。長い年月を経てディティールが多少変わることはありますが、真意まで大きく変わることはないし、まして真逆の考え方が入り込む余地などないです。

輪廻転生を信じるか信じないかはそれぞれの自由で、そこに関してなにもいうつもりはありません。でも、輪廻転生がないことを、わざわざブッダを出して主張されるならスルーできません。目の前で話されたことがそのまま世に広まっていくのを黙認するのは私自身の大悪業になるので、話題が大きくそれるのを覚悟でこのように反証させてもらいました。

森　ブッダの思想については、繰り返しになるので言いません。でもチベットの教えについてブッダの真意を大きく変えることがないままに伝えていると断言されてしまうと、その認識については、少しというか、かなり温度差があります。これはメディア・リテラシーにも関わることだけど、仮に誰かの言葉をそのまま伝えたとしても、それをどのように解釈するかで意味はまったく変わります。そしてその意味がコンテキストに滲む。これは絶対に避けられない。ブッダもイエスも、文字はまったく残していません。師が生前に残した言葉を、後に弟子たちが記憶を再現し、何人かで編纂し、経典や新約聖書が出来上がりました。ムハンマドの教えはクルアーンとして唯一そのまま残されているはずですが、例えばジハードをどのように解釈するかで、教えの意味はまったく変わります。あるいは他の言語に翻訳するときにもニュアンスは変わる。もちろん、他と比べれば相対的には正確に伝えているとか伝えていないなどの比較検討は可能です。ただ、絶対的なものはないし、絶対的に正しいと思うことは危険であると僕は思います。

それとオウムの事件を考えるとき、組織の力学への考察は重要です。なぜならば組織が大きな過ちを犯すとき、独裁的な位置にいる人のキャラクターだけが要因ではなく、いわゆる側近たちの力はとても大きい。ナチスやスターリンの大粛清、クメール・ルージュや文化大革命もそうですね。いちばん端的な例は、日本の天皇制とアジア太平洋戦争です。周囲の人間が、麻原をまつり上げるようなことはなかったんですか。

深山　まわりがまつり上げていると感じたことはなかったです。むしろ側近たちのほうが、麻原さんからまつり上げられていると感じることのほうが多かったです。

森　側近たちが麻原にまつり上げられている?

深山　とにかく麻原さんは気遣いとか気配りがすごいので、身近にいた側近の中には、グルにとって自分は特別な存在だと思っていた人が多かったです。最初の頃は、そういう細やかな気遣いを誰もが感じることができました。

でも後に教団が大きくなってきてからは、一方的に麻原さんを崇めていたような人もいたかもしれません。

森　麻原は出家していない、在家のままですね。それをおかしいと思った人はいないんですか。

深山　麻原さんはグルなので、そういう発想を持つことはなかったです。むしろ在家の環境でステージを上げてきたことを尊敬していました。同じことをやろうと思ってもできないことがわかっていたし、それどころか自分たちのために修行に没頭できる環境を提供してくれていたので感謝しかなかったです。ただ、そういう差に鈍感な人の中には、麻原さんが在家の立場であることに疑問を持っていた人はいたかもしれません。

森　オウムがまだヨーガの会だった頃、石井久子など出家した弟子たちに、自分は在家だからと麻原が敬語を使っていたとの話を聞いたことがあります。

早坂　そういう姿勢はいつの時代も見せていました。麻原さんは弟子を指導するグルの立場ですけど、自分は在家だから出家者である弟子を供養の対象として見ているという話を何度もしていました。自分の名前でたくさんの本を出していたので多くの印税が入ってきましたが、それらはすべて布施して、サマナの毎日の食事代に使ってもらっているということを本人から直接聞いたこともあります。

深山　グルとしての振る舞い方は、時代によってかなり違います。最初はお友だちみたいにみんな対等という感じで、まわりも先生と呼んで和気藹々《わきあいあい》な雰囲気でした。上町《かみまち》（東京都世田谷区上町の道場）で活動していた頃は、私たち弟子と同じように畳の上に座って話をしていました。その頃は、弟子が失礼なことを言っても、笑って許されているみたいな感じでした。

森　興味あるな。例えばどんな失礼なことですか。

深山　麻原さんが部屋に入ってきても、その弟子はよく寝転がったままでいました。あるとき、その前の話の内容は忘れちゃいましたけど、その人に麻原さんが「私の何が気に入らないんだ」と聞いたら、彼は「顔！」と答えました。さすがに私たちは唖然としたけれど、麻原さんは「顔かあ」と言うだけでとくに気にするそぶりも見せませんでした。その人は母子家庭で育っていたので、父親への愛情欲求の受け皿になっていたのかもしれません。そんなふうに弟子たちに接していた時代もありました。

森　その話は知っています。上祐史浩さんですね。

超能力はあったのか

森　超能力の話を聞こうかな。例えば、今ではほぼ揶揄の対象になっている麻原の空中浮揚。

深山　クンダリニー・ヨーガの成就の体験の一つにダルドリー・シッディーというのがあります。空中で止まるわけではないですが、尾てい骨から頭頂に向かって上昇するエネルギーの力で蓮華座を組んだまま、ぽんぽんぽんと飛び跳ねるものです。自分にもそういう体験があるから、上から引っ張られて身体が勝手に飛び跳ねていくのがもっとすごくなったら、いわゆる空中浮揚になるんだろうと理解していました。麻原さんはシャクティーパットでエネルギーロスをしていたけど、それがなかった最初の頃ならば、本当に宙に浮いているように見える状態になることもあったんだろうと思っていました。

森　空中浮揚はねえ、……オウムの側も、これを攻撃する側も、なんだかムキになっているなという気がしていました。アイコンになってしまったのでしょうね。でも『A』で撮影したサマナの一人は、「あんなものは曲芸で深い意味はない」と言っていました。半分は同意するけれど、彼も結局は、尊師は飛べて当たり前という前提を持っていました。……麻原は常人と違うと感じたことはありますか。

深山　いつもありました。印象的だったのは、麻原さんと交流のあったチベットのラマが亡くなったときのことです。カール・リンポチェという方で、ある前生で麻原さんのグルだったということでした。この方は富士の道場開きにも来てくださいましたが、普段は電話もつながらないインドの田舎のソナタというところに住んでいました。それであるとき突然、麻原さんが瞑想中にお別れの挨拶にきたヴィジョンを見たそうで、亡くなったのではないかということで急遽インドに行くことになりました。私はその頃、グヤサマジャを描いていましたが、一緒に行くメンバーに入っていました。二十人以上の大人数で突然海外まで移動することになったので大変でした。現地に着いて初めてわかったことですけど、麻原さんがヴィジョンを見たのはその方が亡くなる三日前でした。移動だけで何日もかかるので結局間に合わず、到着したときにはすでに亡くなっていました。リンポチェのお弟子さんたちは、それからすぐにいろいろなところに連絡したそうです。そんな中で、麻原さんだけが日本という遠方からあまりに早く駆けつけたのですごく驚いていました。

ほかにはもっと日常的なことですが、こんなことがありました。富士道場の独房に入っていたとき、麻原さんに呼ばれたことがありました。そのとき麻原さんは、プルシャ*をつくるための粘土をこねていました。その部屋は真っ暗だったのに、麻原さんがこねている粘土だけ蛍光灯みたいに光っていて。でも後から電気をつけて確認してみたら、そこにはただの粘土しかなかったんです。そのとき私は、麻原さんのエネルギーが粘土に入っているんだと感じました。私もちょうど独房修行に入っていてエネルギー的なものに敏感になっていたので、その光が見えたんじゃないかと思います。特に見せつけるとかしなくても、自然に感じてしまう体験は、私だけではなく他の人たちもよくありました。

森　それに対する反論としては、信徒たちは麻原を信じたいという気持ちが強いわけだから、偶然起きたことを必然だと思い込んでしまうという心理メカニズムで、ある程度は説明できます。粘土が光っていた理由は、粘土に蛍光物質を混ぜていたから。そして信徒たちを暗い部屋に呼

＊プルシャ
麻原のエネルギーを注入した陶器製のバッジ。

んだ。要するに演出です。それが事実であるとの証明はできないけれど、その可能性は払拭できません。

深山　私たちは、そういうことが頻繁にあるので当たり前のように受け止めていました。偶然のレベルではないくらい多かったという感じです。

私が見たプルシャの粘土も、仕組むといっても麻原さんは当時弱視だからできないし、その部屋にはほかに誰もいませんでした。もしもそれが演出だったとしたら、何のためにやっているのか理解できないです。そんなものを見せられなくても、私は麻原さんのことをグルとして心底信じていましたから。

森　費用対効果を考えたら非常に効率が悪いことは確かです。粘土の話にしても、もしも複数の信徒が「私も見た」と言い出せば、なぜこれほど多くの信徒をわざわざあの日に呼んだのか、との疑問が生じかねない。……正直なところ、僕にはわかりません。かつて超能力者たちを被写体にしたドキュメンタリーを制作して、本も何冊か書きました。だからこの分野については、それなりに知っているつもりです。結論からいえば、オカルト的な現象や超能力の90％以上はトリックや錯覚や思い込みだけど、どうしても説明がつかない現象を体験や目撃したことも確かです。だから、麻原に特異な能力があったとしても、決してあり得ないことではないと思っています。早坂さんも以前の著作（『オウムはなぜ暴走したか。』）で、麻原の超能力については触れていましたね。

早坂　本に書いたのは、オウム以外でもよくある超人的なエピソードの類いです。まわりで同時に何人かが話しても、誰が何を言ったかを正確に聞き分けていたとか。

森　ほぼ聖徳太子だ。

早坂　僕が直接経験したものではなくて、ある人から聞いた話です。目が見えないから耳で聞き取る力が人よりも優れているんだというふうに解釈することもできると思いました。

森　哲学者のヴィトゲンシュタインは『論理哲学論考』という著書で、「語りえぬものについては、沈黙しなければならない」と書いています。この場合の沈黙は「無理な解釈をしない」ということです。西洋的な合理主義だけでは説明できないことはある。ヴィトゲンシュタインはこれを「神秘」と呼び、「神秘とは世界がいかにあるかではなく、世界があるというそのことである」とも書いています。世界が存在していることが、そもそも不思議なんです。

早坂　オウムの中の神秘的な話に関しては、個人的にはあまり興味がありません。もともとオウムの修行は、超能力を身につけることを目的にしているものではありませんから。そこは世の中の人たちとかなり温度差があるところです。

麻原の求心力は何だったのか

森　超能力的なことについて、早坂さんは強い興味はなかったのですか。

早坂　僕は教団の出版物の編集の仕事をしていたので、そういうものを教勢の拡大に利用するために意図的に集めていました。中には、受け取った側の思い込みとしか思えない話もありましたけど、脚色や誇張なしに使える話もたくさんありました。自己満足レベルでなく対外的に出すのが目的だったのでかなり厳選していたわけです。といっても、そこはあくまで宣伝用というか、オウムのことをまったく知らない人たちの興味を引くためのひとつのツールとして利用していた感じです。実際には超能力を身につけること自体に価値を求めるようなところはなかったです。とくにサマナの間では皆無と言っていいくらいで、在家信徒の間でも、後期になればなるほど超能力的なものを求める人は少なくなっていました。

深山　先ほども言いましたけど、そういうものにまったく価値を感じていなかったわけではないです。でもそれが当たり前というかあまりにも日常的なので、いちいち大げさに驚いたり感動したりするようなことはありませんでした。

森　麻原自身はどうですか。教祖が持つ超能力的なパフォーマンスを求心力にすることは、特に信仰の黎明期にはよくあることです。怪しい宗教ほどこれを強調する。

深山　外向きの宣伝用として強調されていました。でも内向きには、修行の途中でそういう体験があることはいいことだというとらえ方をするように教えていました。それは修行が順調に進んでいるという印の一つ。でもそこにとらわれてはいけないと。とらわれてしまったら修行が止まってしまうということをよく言っていました

早坂　地下鉄サリン事件の年の麻原さんの説法でも、出家したばかりのサマナが自分の神秘体験について質問したとき、「もう出家したんだから神秘体験の話はいいだろう」と返していました。出家して修行をしている者にとって神秘体験は当たり前で、それを励みにするのはいいけど、それにとらわれてはいけないと。最終解脱するまでの体験は、すべて魔境（九九ページ参照）だと思いなさい、とも言っていました。

森　ある意味で、とてもまともです。

深山　初期の頃はともかく、後期になると、超能力という言葉もほとんど使っていませんでした。神通力とか超越神力、神に通じる力とか超越した神の力と言っていて、修行の一つの成果を知ることができるものという位置づけです。それだけをことさら求めるような雰囲気はなかったです。

森　いまだに教祖が守護霊と会話することをアピールし続けている「幸福の科学」とは、そこはだいぶ違いますね。でも当時、オウムはやはり、空中浮揚とか神秘体験をことさら外部に喧伝

していると〓う印象がありますよ。

早坂　それは先ほど言ったように、教勢の拡大のための一つのツールとして利用していたからです。本当は魂の成長とか心の成長が修行の目的なんだけど、そういう内面的なものは外の人から見えにくいし、魅力を伝えるのも難しい。だからわかりやすい、超能力とか神秘体験を強調して、そこをとっかかりにしたんだと思います。位置づけはまったく違いますが、予言にも似たようなところがありました。時代的にも超能力や神秘的なものに興味を持つ人が多かった*ので。超能力についていえば、内面的なものをアクションで表現してわかりやすくしたNHKスペシャルのドラマ・パートと同じ発想です。森さんが先ほど言われたように、まわりから否定されたときには教団として、あるいはサマナや在家信徒がムキになって反論するようなところがあったので、世間にはすごくこだわっているように見えたということだと思います。

森　ならば本当の求心力は何ですか。

深山　それはやっぱり解脱とか悟りです。他力本願でなく自力の修行でそこに到達することを目標にしていました。自力といってもグルや神々のサポートは求めていましたけど。

森　解脱や悟りを求めるのならば、本来の仏教とほとんど変わらない。

＊
1970年代前半に『ノストラダムスの大予言』の出版があり、〝超能力者〟ユリ・ゲラーの来日などを契機にオカルトブームとなり、80年代も続き、新宗教ブームにつながった。

でもオウムの場合は、そのプロセスでビジョンが見えたとか熱を感じたとか、いわゆる神秘体験的なエピソードをよく聞きます。

深山　それは仏教と同時に、ヨーガ的な考え方や行法も積極的に取り入れていたからです。最終的にはどちらも解脱や悟りを目指していますが、ヨーガ的なやり方のほうが修行の初期の頃からそういった体験は起こりやすくなりますから。日本では仏教とヨーガはまったく別物のように思われていますが、チベット仏教などではかなり近い関係にあります。オウムでもいちいち区別をしていないので、仏教的修行法とヨーガ的修行法が混在していました。そういう背景があるので修行をすると神秘体験をするのが当たり前のようになっていました。それは意図的にやられていたことだと思います。そんなふうに修行の成果を実感できて、なおかつ一人だけでなくまわりと共有できる形で起こるから、みんな信を持ちやすかったということです。

早坂　信徒がオウムへの信頼性を語るとき、よく教義どおりの体験をしているからということを言います。説明の仕方として乱暴ですが、もう少し丁寧に言うと、まず世界観や考え方が体系的に示されていて、実際に修行をしてみるとそのとおりだと思える体験ができたということです。今回森さんがやられたように、そういうものに別の理由付けをして否定する意見はこれまでもたくさん聞いてきました。それらが弱いのは、一つの可能性を言っているだけで、実際に同じシチュエーションで試すなりして実証されていない点です。本当のところはどうかという問題以前に、言われていたとおりのことが実際に体験できるかどうかというのは、その人を動かす大きな力になるんだと思います。

森　深山さんも体験しましたか？

深山　それがないと師の称号は与えられないです。ただし体験はなんでもいいというものではなく、規定に沿わないと認定されません。その規定を決めていたのは麻原さんで、インドとかチベットから集めてきた経典などを参考にしていました。でもさっきも言ったように、それはあくまでもプロセスというか、途中経過として正しい道を歩んでいるというのがわかる印のようなもので、体験が目的ではありませんでした。

早坂　それがあることで、いま進んでいるこの道をそのまま進んでいいんだと考えるようになりますから。僕の場合は、そういう神秘体験より、心の変化というか内面的な体験のほうがより強い確信になりましたけど。

魔境とはどのような状態か

森　サマナたちはよく魔境という言葉を口にします。

深山　定義的には、最終解脱するまでの体験はすべて魔境と言われていました。わかりやすい魔境は、バッドトリップみたいなことです。意識がどこか行っちゃって、それが低い世界とつながって心の持ち方や言動がおかしくなる。ただ定義が曖昧なので、極端な話、自分と意見が合わない人を「あの人は魔境だ」と言って攻撃するようなこともサマナ間ではありました。そういうのは稀ですけど。

森　映画『スターウォーズ』の悪い理力と良い理力のフォース、あれに近いのかなと思っていた。悪い方に行っちゃうと邪悪な存在になる、ダースベイダーがそうです。

深山　ダークサイドですか。それも魔境の一つの形です。

早坂　二元論で考えるとそうですけど、そんなに単純じゃないです。善悪というのは時代や社会によって異なったりするものですから。

深山　悪い人も、自分が悪いことをやっていないと思って悪いことをしていることが多いですからね。

森　……それがサリン事件につながる。

早坂　そこは確かにそうですけど、そんなに単純じゃないです。先ほど話した、世の中から見れば「歪んだ正義感」なんだけど、当事者にしてみれば「純粋な正義感」だったかもしれないというのはそういうことです。

深山　救済というものを徹底的に考えて、最後にそこに行き着いちゃったのかなと思ったこともあります。この世のすべては無常であり苦しみであるというのがオウムのベースになっている考え方です。

森　それは仏教の神髄です。

深山　その苦しみの世界からすべての衆生を済度（救済）しなければならないと、麻原さんは常々言っていました。宗教的なことや神秘的なことに興味のある人で、そこから縁が生じれば、入信して自らが修行をして、この苦しみの世界から離脱しようとする。でも、この現世が素晴らしい、楽しいと思っている人にとっては、現世を否定する宗教なんてインチキにしか思えないだろうし、そういう人は普通に布教しているだけでは救済できない。平和な世界が続けば、その世界が続く限りは気持ちは安定しますが、そこに本当の意味での宗教観がなければ魂の成長はそこで止まってしまう。

あるいは、ただ何も考えずにのんびりとしているというのは、草食動物のカルマという考え方もありました。だからそういう宗教に関心のない人までも救済するためにはどうしたらいいかと考えを突き詰めていくと、まずは社会そのものを変えなければならないとなるだろうし、そこからテロや革命という考えに行ってもおかしくないのかもしれないと思ったことはあります。

私たちの魂は六道を輪廻転生しています。死んでも終わりではない。その人のカルマによって来世に続くという考え方ですから、死というのは終わりではなく、一つの通過点に過ぎないとなるわけです。もちろんだから殺人が肯定されているということではありません。殺した側は殺された側のカルマを受けるだけでなく、自分自身も大きな悪業を積むことになるので、普通はできないという認識です。

森　ならばオウムが、その一線を超えた理由は何ですか。

早坂　理由はわかりませんけど、最後の最後に大きく枠を出てしまったのは確かで、それはやっぱり麻原さんが意図して行ったことだと思います。「純粋な正義感」であっても、オウムという閉じた世界から出てしまったら「歪んだ正義感」にしかならない。その特殊な価値観で大々的に行動したら、社会との間で大きな軋轢が生じるのは当然です。それで実際に起こったのは、僕らから見ても間違いなく反社会的なことで、そこは弁解の余地がないです。

森　いま思えば、ということですか。当時はオウムが犯罪集団になるなんて、思ってもいなかった。

深山　まったく思ってなかったです。そういうイメージがまったくなかったです。

4 オウム真理教事件

転換点となった強制捜査

森　八九年十月に始まった『サンデー毎日』のキャンペーン記事をきっかけにして、オウムに対する激しいバッシングが始まりました。もちろんこれは、キャンペーン直後に起きた坂本弁護士一家失踪事件などへの嫌疑も含めて、オウムに対しての疑惑が社会に飽和していたとの見方ができる。同時に警察も動いて、九〇年十月に熊本県・波野村に教団施設をつくる計画に対し、国土利用計画法（以下、国土法）違反などで熊本県警が富士のオウム総本部の強制捜査に踏みきった。そんな時期に中にいて、教団の変化というのは感じましたか。

深山　変化として感じたのは、富士の道場の塀がすごく高くなったことです。きっかけは富士の道場への最初の強制捜査でした。そのとき麻原さんや幹部の人たちはいなかったので、私のように事情をまったく知らない師が何人かで立ち会うしかありませんでした。そこに突然やってきた熊本県警の人たちはすごく乱暴で、それまであった普通の塀を全部壊しながら入ってきました。それで私たちも頭にきて、入ってくるなとか捜査令状を見せろとか、わあわあ言いながら抵抗したら、今度は扉を枠ごと外して建物の中に入ってきました。そのとき私は一番前で警察の人たちに対応していましたが、お相撲さんのような大きな身体の機動隊員に「排除！」と言われて、いきなり抱え上げられて、バケツリレー方式で敷地の外まで運ばれて、最後はコンクリートの床に叩きつけられました。多くのサマナが同じように暴行されました。だからその後は施設を取り囲む塀を、高くて頑丈な塀に変えたようです。

森　弾圧だと思いましたか。

深山　あそこまでやられると弾圧だと思ってしまいます。麻原さんも国家の弾圧だと言っていたし。でも国家の弾圧なのに、なぜ熊本県警なのかわからなくて、警察に対応するために走って駆けつけている最中に、「なぜ熊本県警なの」「そんなの知らないわよ」などとサマナたちと言い合っていたことを覚えています。

森　何かリアルだな（笑）。熊本県警が強制捜査した理由は、波野村の教団施設建設用地にかけられた国土法違反の容疑です。でも国土法違反は形式犯だから、普通なら書類のやりとりで終わります。これを理由にして塀を押し倒したり人に危害を加えるなどありえない。異例な措置を取ったことは確かです。

早坂　僕はその頃まだ在家の信徒でしたけど、警察の対応はちょっと異常な感じがしました。国土法違反という形式犯でそこまでやるのはおかしいし、坂本弁護士一家失踪事件が関係しているんじゃないかとか考えました。でもならば熊本県警が動くはずがない。今はやはり波野村の問題での警告と、県民向けのパフォーマンスだったのかなあという気がしています。どちらにしても、やられたほうからすると対応があまりに異例なので、これは宗教弾圧だと考えるのはむしろ自然だと思います。

深山　この少し前に麻原さんが波野村に行ったとき、地元テレビの記者から波野村の村長選挙に出るのかと質問されたんです。出るつもりは絶対になかったと思いますけど、そのときは波野村に住んでいる人たちとオウムのサマナの数を示しながら「出れば確実に当選するけど、それはわかりませんね」ということをカメラの前で答えていました。だから波野村の住民たちの反対運動がこの後に一気に盛り上がったのは当然で、私は麻原さんが意図的に煽ったんじゃないかと考えたりしています。

森　そうかなあ。ほかにも根拠はあるのですか。

深山　麻原さんは何かを始めるときとか移動をするときに、吉日・吉時・吉方位を占星術で割り出して、その時間に合わせて行動していました。分単位でかなりこだわっていました。私が出家するときも細かく調べてくれて、この時間に家を出なさいと教えてくれました。それでサマナが富士から波野村に移動するときも、占星術で割り出した時間に出発させていたけれど、なぜかそのときは吉ではなく凶、つまり最悪な現象を招きかねない時間に出発させていたと聞きました。そういうことはほかになかったようなので、それも波野村の一連の騒動はサマナのカルマ落としのために麻原さんが意図的に仕掛けたものだと考えるひとつの根拠になっています。麻原さんはそういうふうに、その時点ではうかがい知れない本心がわかるようなサインを残してくれることがありました。それはわかる人にしかわからないものですけど、このときのものもそのひとつだったのではないかと受け止めているわけです。

森　敢えて窮地に自分たちを追い込んだ。この仮説を拡大すれば、波野村だけではなくサリン事件も含めて、騒動や事件がすべてカルマ落としというマハームドラーによって起きたということになる。でもそれによって、教団外の多くの人が迷惑を受けたり殺傷されたりしたことはどう説明するのか。おそらくこれに対しては、死はあくまでも通過点であり、教団外の多くの人に対しても、カルマ落としを仕掛けたとの説明になるのでしょう。ここに宗教の危険性が端的に現れている。俗世に生きる僕たちには納得できなくて当然です。

早坂　そこはオウムの中にいた者も同じで、簡単に納得したり受け入れたりすることはできないです。その意味で末期の時代のオウムは、本当に危険な宗教団体になっていました。ある時期までは、外圧に耐えるというスタイルが基本で、教団から仕掛けることがあっても秘密裏に行われていました。最後はその隠密活動が、ある意味で公然と、かつ大々的に行われていたわけですから、その状態で組織として存続できるとはとても思えないわけです。

森　確かこのとき、波野村は信者たちの住民票を受理しなかったんですね。

深山　生活の実態が見えないという理由で不受理になりました。

森　そんな理由で住民票不受理など、普通ならあり得ない。そもそも水道や電気などのインフラ整備を行政は拒否しておいて、生活の実態が見えないから住民票は受理しないと宣言する。オウムの側は法令を遵守していたのに、行政のこの対応は明らかに理不尽で不合理です。もちろんこの理由は、波野村の一般住民たちの強い反発を行政が察知していたから。でもだからといって、オウムの側が納得できるはずがないことも当たり前です。結果として、自分たちは弾圧を受けているという意識が強くなった。

深山　警察の対応がとにかくひどかったので、こちらもそれに振り回されているうちに冷静さを失っていったというのもありました。本当に国家の弾圧じゃないか、そうでなければこんなことするわけがないと。

森　麻原がカルマ落としに使ったかどうかはともかく、波野村行政と熊本県警の対応が、オウムの側の被害者意識を高揚させるきっかけになったことは確かです。当時、坂本弁護士一家失踪事件については、どのように解釈していましたか。

深山　オウムの犯行とはまったく思ってないです。あのご一家はどこかで生きているとは思っていました。早く帰ってきてほしいと真剣に願っていました。そうすればオウムに向けられた疑惑も晴れるのにと思っていたので。

森　その頃、例えば麻原の説法は変わってきましたか。

深山　宗教弾圧という話はしていたけど、最終的にはいつも宗教的な話につながっていくので。まったく宗教的な話をしていない説法は、私は一度も聞いたことがないです。

森　ならば反撃しようとか、そういうニュアンスは口にしなかった?

深山　ないです。麻原さんは説法で、「戦い」という言葉をよく使っていますが、たいていの場合は自分自身の煩悩と戦えという意味です。宗教弾圧を受けていると話しながらも、とにかく耐えろ、厳しい環境の中でも自分の煩悩と向き合って戦い、修行を進めなさいということしか言いませんでした。

森　巷では、選挙をきっかけにオウムは大きく変わったという見方が多いけれど、中にいた実感としてはどうですか。むしろ波野村とか富士宮とか、国家権力や捜査権力の強引さが触媒のようにオウムを変えたという気もするけれど。

深山　選挙の頃からサマナの数も急激に増えました。その後に警察の強制捜査が入ったことで、サマナたちの社会に対する見方が変わりました。それまではオウムの中にいれば、余計なことを考えずに修行に集中することができました。でも強制捜査以降は、自分たちはこの苦難と戦わなければいけない、耐えなければいけないというふうに意識が変わった人が多かったです。個人差はありますけど、修行のことだけ考えてのんきに暮らしていてはいけないんだとか、試練と戦わなければいけないという意識は、みんなどこかで芽生えていたと思います。

早坂　僕は在家信徒の視点から、選挙の後に麻原さんの服の色が白から青紫に変わったことで、あれっと思いました。服の色を変えているというのはかなり特別なことですから、この頃に麻原さんの意識は変わっているはずです。

深山　オウム神仙の会の頃は、小乗の修行や自己の完成を意味するオレンジ色でした。その後、富士の道場ができた頃から、大乗、マハーヤーナを示す白に変わります。そして選挙の後、しばらくして「純粋な帰依」を意味する青紫になりました。たぶんそこがヴァジラヤーナの始まりで、その後しばらくして「最高の色」と言われていた赤紫になりました。

森　逮捕されたときは……。

深山　赤紫です。一九九〇年から最後まで変わっていません。

森　ほかに、オウムの変化というのは何か感じましたか。特に科学班など。

深山　科学班が活動している場所は、富士の第一サティアンで活動していた頃から、一般のサマナは立ち入り禁止になっていました。だからよくわからないです。

選挙が終わってオウムの活動はヴァジラヤーナ的になったかもしれませんが、その後またマハーヤーナ的な雰囲気に戻った時期もありました。麻原さんもマスコミで頻繁に紹介されていた。富士の道場近くである作家さんと風船を持って一緒に写っている写真が雑誌に出たこともありました。朝まで生テレビに出たのもその時期（一九九一年）です。ほかにはいろいろな大学に行って、講演会をよくやられていました。入信者も増えていたので、選挙後は宗教団体としては正攻法の活動に力を入れていたというふうに言うこともできます。

森　朝生出演で、オウムと麻原への評価は大きく上がりました。吉本隆明さんなどを筆頭に、多くの識者がオウムを評価し始めた。ほかにもテレビや雑誌などから、教祖としての取材が増えてきた。一緒に写真を撮ったのは荒俣宏さんですね。荒俣さんに非はない。ビートたけしさんや中沢新一さんとも対談していた。とんねるずの番組にゲスト出演したのはこの頃かな。好きなタレントは誰ですかと訊かれて、麻原がニコニコしながら秋吉久美子さんなどと答えていた。すべて、大物宗教家としての扱いでした。もちろんこうした宣伝で、信者数もどんどん増える。つまり宗教団体としては、絶頂期を迎えつつあった。そのままいっていれば、今頃は日本でも有数の宗教団体として権勢を誇っていたはずです。ところが同じ時期に、社会に牙を剝く準備を、科学班を中心に並行させていた。やはりこれが不思議です。

サマナの殺害

森　坂本弁護士一家失踪事件の前に、在家信者の真島照之さんが事故死して、さらにサマナの田口修二さんが教団内で殺害される事件があって、それに関与していた新実智光、岡崎一明は、坂本弁護士一家失踪事件のときも現場にいた。つまり教団のダークサイドに関与していた高弟たちです。例えば新実さんは多くのメディアから、麻原の側近の中で最も凶暴で冷血であり、尊師への忠誠度も強いと描かれています。要するにメディアの語彙を使えば、いちばん洗脳度が高いサマナですね。ただし実際に会えば、とても礼儀正しい人だと気づきます。

深山　田口さんが亡くなったとき、新実さんがすごく落ち込んでいたのを覚えています。普段はすごく明るいのに、そのときはじっと座り込んでうなだれていたりして、誰が見ても明らかにおかしい感じでした。それでまわりの人たちが「グルからすごいマハームドラーをかけられているんだろうね」と言っていたのを覚えています。

森　それと田口さんの死を結びつける人はいなかったですか。

深山　いませんでした。田口さんが死んでいることを知っている人はほとんどいなかったので。でも私はなんとなく気づいていて、なんかおかしいねということを田口さんの独房の世話をしていた人に言いました。オウムの中ではみんな忙しくて、よほど仲のいい人のことでないと関心がないので、ほかの人は誰も気づいていなかったようです。
そういえば、こんなことがありました。新実さんと私、それからもう一人のサマナが食堂にいたとき、たまたまそこに置いてあった田口さんの衣装ケースが目に入ったもう一人のサマナが、「そういえば田口くん、最近見ないけれどどうしたのかな」と言ったんです。すると新実さんが話題をそらすように別の話をし始めて、そのまま話が立ち消えになってしまいました。

森　深山さんは、田口さんが死んだってどうしてわかったんですか。

深山　サマナが第一サティアンに集められて瞑想法の伝授が行われたとき、ふと窓の外を見ると、護摩法が行われていました。そのときは、普段の護摩法で麻原さんがいるときは一緒にいるけど、いなくなったらじゃあ後はよろしくという感じで他の人に押しつけてその場からいなくなってしまうような人たちが、なぜか一生懸命まじめにやっているんで変だと思いました。
雰囲気でただならぬことが起こっていると感じたわけですけど、そういうとき私は関連する夢を見ることがよくありました。その護摩法の後に田口さんが天界に引き上げられている夢を見たので、ああ田口さんは死んだんだ、あのとき護摩壇で燃やしていたのは田口さんの遺体だったんだと納得していました。

森　殺されたとは思わなかったんですか。

深山　それはないです。まったく想像できないことだったので、なにかしら示唆があっても受け取れませんでした。自殺か事故死だろうと考えていました。脱会した後、初めて本当に意図して殺した事件だったことがわかったときにはとてもショックでした。

その頃は世の中の常識をあまり知らなかったので、死亡届を出したのかとか家族に知らせたのかとか、そういうことは考えませんでした。現世の形式的なお葬式よりも、護摩壇で火葬をしたほうが高い世界に行けるだろうから、その魂のためになるだろうなと考えていました。夢の中でも、天から降りてきた白い光に包まれて田口さんの魂が天界へ引き上げられていったので、そこに疑問を持ったことはなかったです。

森　護摩壇に麻原はいましたか。

深山　姿は見てないです。その直前、第一サティアンにみんなが集合したときにはそこに姿を現して、瞑想法の伝授をしていました。あくまで推測ですが、その後は自分の瞑想室に籠もっていたんじゃないかと思います。そのときに伝授した瞑想法は、在家の信徒さんが三十万円払って伝授されたり、あるいは独房修行や極厳修行に入ったときに伝授されるような特別なものでした。それを富士にいたサマナ全員に突然伝授したんですから、やっぱり異例なことでした。一番意外だったのはそのときの麻原さんの表情でした。ほかの人は誰も気づいていなかったようですが、明らかにいつもと違って緊張を感じたんです。どんなときでも余裕のある表情しか見たことがなかったので、これも印象に残りました。

森　具体的にはどんな瞑想法ですか。

深山　ひとことで言えば、神々を観想して供物を供養したり、懺悔をしたりしながらエネルギーを回すものです。そういうことをイメージを使いながら瞑想しますが、グルからエンパワーメントを受けながら行うのでグルとの心の距離がポイントになります。

森　意味がよくわからない。とにかくそれに三十万円？　価値がよくわからないです。

深山　価値は自分で瞑想をしている人でなければわからないと思います。グルからのエンパワーメント、つまりエネルギーが入ってこないと、ただ座っているだけですから、グルから伝授されるというのが大切です。

森　グルのエネルギーが入ってきた場合は、それほど違うものですか。

深山　全然違いますね。ただのイメージでなく、リアルな実感を伴いますから。

早坂　瞑想法を書いている本はありますが、そういうのをただ座ってやるのと、グルからのエンパワーメントを受けながらやるのとではまったく違います。そういう実感がないと、瞑想法ひとつに三十万円というのはなかなか払えないです。それもプラシーボだろうと言われるかもしれないけど、疑っても体験する人もいるし、逆に強く思い込んでも体験できない人もいるので、そんなに単純なものではないです。

森　ヨーガをやっている人からすると当たり前のことかもしれないけれど、門外漢にはまったくわからない。もしもここに麻原がいるとして、僕がシャクティーパットをやってもらったら何か変わりますか。

深山　たぶん私が見ると、きれいになったと感じるでしょう。受ける側が拒まなければ、変化はわかりやすいです。

森　僕は実はけっこう拒まないほうです。ならば最近、首を寝違えて痛いから、シャクティーパットを受けようかな。

深山　それは逆効果かもしれませんよ。エネルギーが上がって、もっと痛くなるかもしれないので。霊的な浄化が起こるときには、肉体的には悪いところから膿が出てきたりして、一時的にもっとひどい状態になってしまうこともあります。もちろん一時的にひどい状態になっても、そこを抜ければ良い状態は訪れるし、人によっては最初から良い状態が訪れることもあります。どうなるかは受ける側には選べないというか、選ぶ力がある人はほとんどいません。

他者を殺してもいいのか

森　そもそも人間を、他者を殺していいという教義はあるんですか。

深山　小乗においてはそれは絶対にいけない。大乗でもいけない。ヴァジラヤーナに関しては、場合によっては肯定されることもあると言われていました。

早坂　教えとしては小乗も大乗も、タントラヤーナもヴァジラヤーナも説かれていたけど、教団として明確にどの立場をとっていたというのはありません。一応、個人の修行においては小乗をベースにしていて、教団としての活動は、他の魂の救済を強く意識していたので大乗がベースになっていたということはできます。グルがそれぞれの弟子に合った指導をしていたので、実際にタントラ的、ヴァジラヤーナ的な修行をしていた人もいました。でもそれは全面的にタントラやヴァジラヤーナを実践していたということではなくて、小乗をベースにしながら、場面ごとにタントラなりヴァジラヤーナ的なものを利用することがあったという程度だと思います。

そういうのは傍目で見ていてよくわからないんです。たいていはグルとその弟子の一対一の関係の中のことで、実際にどうだったのかは本人しかわからない。後期になればなるほどグループで違法行為をする機会が増えていますけど、それだって人によって温度差はかなりあったと思います。グルから言われてヴァジラヤーナの救済を頑張っているつもりになっている人もいたかもしれないし、目的もよく知らずに上長から言われてある一部のパートをワークとして一生懸命やっていたという人もいたでしょうから。

深山　坂本弁護士一家失踪事件のようなものがオウムの教義の中で肯定されるとしたら、それはヴァジラヤーナ以外にありません。事件に関与している人たちにも、そういう意識はあったと思います。

森　実際に人殺しを実行した人たちに対して、信者としてはどういう心情だったんですか。

早坂　その人がどうしてそこに突っ込んでいったかわからないので、一概にどうだとは言えないです。ただ、現在も当時の感覚でも、自分ならたとえ修行であろうと人を殺すようなことはしたくないし、できなかっただろうというのが正直な気持ちです。彼らも同じだったと思いたいけど、実際には突っ込んでしまいました。そこはその人の価値観や教義的なものだけでなく、もっと違う微妙な綾みたいなものもあったのだろうと思っています。

例えば先ほどの田口さんの事件ですけど、真島さんの事故*の件を知っていた田口さんは、それを自分がオウムから出ていくための取引材料に使おうとして殺されたとされています。彼はその時点で完全に信を失っていたと思いますけど、そのきっかけをつくったのは、彼のいた部署の上長でもある実行犯の一人だったのではないかと推測しています。殺される前、彼は営業のワークの件で悩んでいたようですけど、同じ頃に営業にいた人から当時の話として、その上長の発案でオウムのサマナ服に坊主頭という奇異な姿で書店などを回らされて本当に嫌だったと聞いたことがあるので、たぶん悩みとい

＊真島さんの事故
1988年に富士山総本部で開催された修行に参加していた在家信者の真島照之さんが死亡した事故。

うのはそのことだと思いました。それはプライド落としのための修行の意味があったかもしれないけど、営業先の人から嫌がられて、オウムの本を売るという営業の目的からいうと明らかにマイナスです。その上長が麻原さんの許可を得てやっていたか知りませんけど、どちらにしてもやらされたほうは発案者だけでなく、許可したほう、あるいは暴走を放置しているほうにも不信感が募ります。そういうちょっと複雑な事情があったとしたら、上長のほうは自分がまいた種なので責任を取らなければという気持ちになって、歪んだ方向へとつい激しく動いてしまったというようなこともあったのではないかと推測しています。

深山 サマナ服に坊主頭で営業をしていた話は、私も聞いたことがあります。変なことが堂々と行われていたので、まわりはグルの許可を得ていたと思い込んでいたようですけど、本当のところはどうかわかりません。本人はグルの許可を得た気になっているような場合でも、実際は思い込みや勘違いで、別の人が実際に麻原さんに確認してみると違っていたりということはオウムの中で日常茶飯事でしたから。

森 指示があったかどうかわからない。でも現場では事が進んでいった。まさしくいま、国会ではこうした現象を示す「忖度」がキーワードのようになってしまったけれど、同じことはオウムの中でも起きていた。

深山 それで新実さんに関しては、こんなこともありました。まだ私が在家だったとき、秩父のセミナーに呼んでもらって、セミナー場を浄化するために護摩法をやったことがありました。そのときの説法では、グルが人を殺せと言ったら殺すか、ということを話されていました。それで説法のあとでみんなで話をしているときに、麻原さんが冗談っぽい感じで「もし新実に一人殺してこいと言ったら、百人殺してくるんだろうな」みたいなことを言いました。それを聞いて私は、そんなことを言われてかわいそうに、と心の中で思ったんですけど、新実さんは明るく「はい、頑張ります」って言っていました。その時点で新実さんはすでにそういう気持ちでいたのかもしれませんが、私はまさか実際にやるとは思ってもみませんでした。

同じ説法を聞いても、そんなふうに受け取り方は人それぞれだったわけです。グルのために人を殺すというのは、それだけ強い帰依が必要なんだということを伝えるための方便のようなものだと私は受け止めていました。でも、そうでない人もいたのかもしれません。私は出家した頃に、「深山さんには修行はこういうものだという観念がある」と麻原さんから言われたことがありました。たぶんそういう観念が強かったから、ヴァジラヤーナのほうには行くことがなかったんだと思っています。

森　歎異抄に書かれた親鸞の「さるべき業縁のもよおせば、いかなるふるまいもすべし」を思い出します。親鸞が弟子の唯円に、「わしの言うことに背かないか」と問うと、唯円は「当然です」と答えた。次に親鸞は、「では浄土に往生するために、人を千人ほど殺してこい」と言う。

もちろん唯円は「自分には一人も殺せません」と答える。これに対して親鸞は、「人は、善い心を持っているから、人を殺さないわけではない。人はまた、殺す理由など一つもなくとも、百人はおろか、千人もを殺すことがある」と唯円に諭す。有名な親鸞のレトリックですね。例えばハンナ・アーレントがアイヒマンに対して形容した「凡庸な悪」の意味を考えるとき、親鸞のこの思想は本当に重要です。ただし麻原と弟子の新実さんは、まったく浅い位相でこの会話を再現したわけだけど。

深山　浄土真宗の教えは人並み程度しか知らないので、いまの話に対してはそうだともそうでないとも言えないのが申し訳ないです。あの当時も、それから末期の時代もそうですけど、強く影響を受けていたのはチベット仏教のカギュ派*の教えでした。説話として残っている昔の聖者のグルと弟子の物語が強く意識されていて、先ほどの会話もその延長線上にあると思いました。でも新実さんのとらえ方は、私とかなり違っていたようです。

木人も自覚していましたが、出家前の新実さんは魔境の状態にあったので、そのことも影響していたかもしれません。自分は守られていると強く思って、会社の車を運転しているとき、それを確かめようと時速120キロで田んぼの中に突っ込んだこともあったそうです。それで予想どおり、車は大破したものの、死なないどころかケガもしなかったと。そういう常軌を逸

＊カギュ派
チベット仏教の四大宗派のひとつで、最も密教色が強いと言われている。

したことを一度だけでなく二度も冷静にやり遂げてしまうところから大魔境と言われていました。その後は魔境から抜けたということでしたが。

森　意外だな。僕の印象は礼儀正しい人です。拘置所の面会室で初めて会ったとき、新実さんは直立不動して「はじめまして」とお辞儀をしました。

深山　新実さんは正悟師で私よりもステージが上でした。それでも敬語で話してくれるような、全然偉ぶらない礼儀正しい人でした。ただ、悪気はないけど何かと勘違いをすることが多くて、その勘違いで暴走しがちだったので、もしも彼の部下になったらいつも頭が痛い思いをしていそうだなと想像することがありました。

早坂　先ほどのチベットの物語の中には、さすがに人殺しを命じる場面はなかったと思いますが、弟子がグルから出された難題に挑み、その中で新たな気づきや悟りを得ながら成長していく様子が描かれています。深山が話したとおり、麻原さんの問いかけはその関係性を意識したものですが、「一人殺してこいと言われたら、百人殺してくる」というのは、そもそもグルの指示を「曲解するところがある」ということを言っていたんだと思いました。それに対する「頑張ります」の答えがまた謎で、「曲解しないように頑張ります」とも、またまた曲解して「百人殺してくることができるように頑張ります」と言っているようにもとれます。そこは本人しかわからないところです。

いずれにしても、その物語の世界に啓発されて、困難な修行をやってみたいという願望が弟子たちの多くにもともとあったんじゃないかと思います。実際にやるかどうかはまた別の話ですけど。その手の教えを聞いたときに僕は、自分には無理、無縁の修行と受け止めていました。それは修行法としてはあるんだろうけど自分にはできそうにないということです。それでも意味合いはある程度理解できるので、誰かが、そういう教えを実践できるようになりたいと考えて、結果的に一線を越えてしまったとしても、少しは気持ちがわかるような気がします。

森　麻原が説法で使ったカギュ派のそのエピソードは知っています。師であるティローパから何度も「キノコのスープを飲みたい」と言われ続けた弟子のナローパが、スープを盗もうとして袋叩きにあうという話ですね。この二人が高い塔に登ったとき、「私の弟子はここから飛び降りるだろう」とティローパから囁かれたナローパはすぐに飛び降りて、瀕死の重傷を負います。でもこれらの試練はすべて、ナローパが過去に起こした殺生のカルマを切るためにティローパがしかけたマハームドラーだったのだと、麻原は説法で解説しています。俗世の価値や法や規範よりも師への帰依を優位に置いている。カギュ派には、チベットの裕福な家庭に生まれたミラレパの話もあります。父親の死後に、ミラレパ一家は屋敷や財産を叔父夫婦に奪われた。彼らの使用人とされた母親は、十五歳になったミラレパを、呪術を学ばせるために旅に送り出す。修行を重ねてこれを会得したミラレパは、母の願いどおり呪術によって叔父一家を呪い殺す。

やがて自らの悪業を悔いたミラレパは、家族を捨てて出家して、カギュ派の宗祖であるマルパに師事することを決意する。しかし過去に大きな悪業を積んだミラレパは、巨大なカルマを抱えていた。これを浄化させるためにマルパは、石造りの家をつくっては壊すという作業を何度も反復することを命じる。グルに対する絶対的な帰依を背景に、ミラレパはこの修行を繰り返す。そしてこのミラレパの名を、新実さんはホーリーネームとして麻原から与えられた。

こうしたエピソードは、仏教でもキリスト教でイスラムでも、一種のメタファーやアナロジーとしてとらえるべきだと思います。ところがそれを真に受ける。新実さんはそういうタイプだったのかもしれません。だからといって邪悪でもないし狂暴でもない。むしろ優しくて純粋です。だからこそ危険である。このレトリックは、オウムが起こした事件を考えるうえで、とても重要な補助線です。

事件をどう知ったのか

森　坂本弁護士一家の事件の後、仲間内でひそひそと不安を語り合うとかいう場面はなかったんですか。

深山　そういうのはありませんでした。当事者や麻原さんのまわり以外は、事件とオウムが結びつくと夢にも思っていなかったので。それ以外の事件については、私の場合、無意識のうちに自分で否定していたんだと思います。ちょっとおかしいなというのがあっても、都合のいいように解釈していたというか。田口さんの件も、殺したというのはまったく想像できなかったので、夢のことを話した人に「まさか殺したんじゃないだろうな」と言われても、そんなことあるはずがないと心の中で強く否定していた感じでした。

森　「まさか殺したんじゃないだろうな」と言う人がいたということは、そういう言葉が出るような雰囲気があったということですか。

深山　グルが人殺しをしろと言ったらできるかという内容の説法があったので、連想できる人は連想できたと思います。自分を捨てて、グルに言われたことを何でもやることによって、クンダリニー・ヨーガの成就があるといったことを説法で話していたこともありました。どちらも比喩的な話でしたけど、そういうところから結びつけて考えられる人はいたんじゃないでしょうか。ただし、それも一つの可能性を言っているだけで、実際に本気でオウムの中で殺人事件が起こっていると考える人はいなかったと思います。

森　松本サリン事件が九四年にありました。これは教団の中ですぐに知ったんですか。そもそも外部のニュースって、どの程度入っていたのかな。

深山　私はその頃の記憶が曖昧なんですけど、新実さんが得意気に通達を貼り出していたのをなんとなく覚えています。松本サリン事件を伝える新聞記事と、そこに「これは神々の怒りだ」というような言葉があったのを覚えています。

森 自分たちが加担していたということではなく、天罰が下ったみたいな感じですか。

深山 だからそれを見て、何かおかしいなと感じました。

森 どうして？

深山 人為的な事件なのに天罰というのはおかしい。だからそこから自分でいろいろ調べたんだと思います。真剣に還俗、オウムを出て現世に帰ることを考えていたみたいです。

森 早坂さんは松本サリンのときは、どこにいたんですか。

早坂 上九の第六サティアンにいました。噂話の形だったか、新聞記事だったか覚えてませんけど、情報はすぐに入ってきました。

森 どう思いました？

早坂 たいへんなことが起きたという感じです。

森 オウムがやったと思いましたか。

早坂 それはないです。松本サリンの実行犯の中の二人と、その頃ほぼ毎日一緒にいました。SPS*という部署で一緒にトレーニングをしていたからです。だから彼らが関わっていたのをあとで知ったときには本当に驚きました。

＊ SPS
教団の部署の一つ。「尊師パーソナル・スタッフ」の略。

森　そういう気配はなかった？

早坂　あったのかもしれないけど、その人たちが事件を起こしたとはまったく思っていなかったので、特に気にしませんでした。たぶん松本サリン事件の後だと思いますけど、一緒にトレーニングしていた同じ師のステージにあった人たちがどんどんいなくなって、むしろそちらのほうが気になりました。これも後からわかったことですけど、その人たちは当時つくられていたサリンの製造プラントのある施設の警備を行っていたようです。そのときは詳しい事情を知らないので、なんで施設の警備にわざわざ師のレベルの人たちを使うんだろうと疑問に思っていました。ほかの場所では、警備はサマナの仕事になっていたのでなにか特別な事情があるかもしれないと。

森　その頃は、すでにサリンの量産体制に入っていたわけですね。

早坂　プラントをつくっている最中だったのかもしれません。そこはあらためて詳しく追っていないのでよくわかりません。

森　立ち入り禁止とかになっていたんですか。

早坂　関係者以外立ち入り禁止でしたけど、そもそもなにも知らないサマナがうっかり入っていくような場所ではないです。その頃は近隣で次々と土地を取得して新しい建物ができていたので、大半のサマナはそこがオウムの施設であることさえ知らなかったでしょうから。外からの攻撃を受けているということで、どの施設にも一応警備の人間をつけていたようですけど、その施設は中身が中身なので責任感の強い師に警備をさせていたということだったと思います。僕はそのワークに呼ばれなかったので正確なところはわかりませんけど。

森　松本サリン事件が起こった当初は、まだ日本社会はサリンが使われたという発想ができなかったけど、それはオウムの信者も同じですか。

早坂　同じです。事件に関与していた人を除けば、毒ガスということを推測できても、それがなにかというのはまったくわからなかったと思います。

森　でもオウムの信者たちはサリンを知っていた。

早坂　説法の中で出てきていたので、言葉としてはみんな知っていました。ただ、最初に言われていたのは、教団がマスタードガスの攻撃を受けているということだったので、それほど強く印象に残っていたわけではないです。ＶＸガスとかソマンなどと同じ化学兵器の一種というくらいの認識で、大半の人はそんなものを教団がつくっているとは思っていない。なんとなく気づいていた人がいたとしても、能力的につくれるわけがないと考えていたでしょう。当時の空気感で言うと、科学班への評価というのはそんな感じでした。

事件に関わった幹部たち

森　事件に関わった麻原の側近たちについて、二人はどのように見ていましたか。僕が拘置所で会ったのは早川紀代秀さん、岡崎一明さん、新実智光さん、中川智正さん、林泰男さんと広瀬健一さんです。

最初に面会したのは岡崎さんです。彼から会いたいとの伝言があった。作務衣を着て面会室に現れた。

深山　岡崎さんは、情に厚くて、修行を熱心にやるんですけど、ちょっと癖のある人でした。岡崎さんに関してはこんなことがありました。坂本弁護士一家失踪事件が起きた頃、私は京都支部にいましたが、その頃、ある熱心な在家信徒さんがビラ配りに使ってくださいといってワゴン車をお布施してくれたことがありました。中古ですけど見た目はオウムでは見かけないきれいな車で、たまたま京都支部にやってきた岡崎さんが一目見て気にいったのか、「ビラ配りなんかよりもっと大きな功徳になるんだから」と言いながら、富士の道場に持っていってしまいました。私は信徒さんが支部のバクティのためにお布施したものだからグルの了解を得ないと渡せないと抵抗しましたけど、それは大丈夫だからと説得されて、最後はしぶしぶ承諾してしまったのです。

その後、その車は坂本弁護士一家失踪事件で使われました。京都ナンバーで、お布施してもらったときに事務処理の関係で支部長だった私の名義にしていたので、オウムを出てからこの件で警察の方に聞かれて初めて知りました。考えてみたら、グルの許可を得ていたら私を説得する必要もないわけで、たぶんそういう細かいところは岡崎さんの裁量でやっていたのでしょう。もしあのとき私が強く拒否していたか、すぐに麻原さんに連絡して確認を取っていたら、事件に使われることもなかったかもしれません。お布施をしてくれた信徒さんには本当に申し訳なかったと思っています。

森　そうやって麻原の権威を側近たちが利用していたとの話はよく聞きます。今でも付き合いのあるサマナはいますか。現役ではさすがにいないかな。

深山　たまに連絡がありますけど、そんなに頻繁ではないです。

早坂　元サマナとはそれなりにつながりはあります。でも日常的なやりとりはほとんどないです。個人的にオウムのことや事件のことをあらためて振り返っている人が、自分が新たに得た情報の事実確認のために問い合わせをしてくるようなことはたまにあります。

森　今はブログでオウムについての総括を行っている元サマナのKさんは、事件直後に僕がフジテレビでオウム取材の遊軍として動いていたとき、オウムの広報担当でした。『A』を撮る少し前です。あの頃、ロシア製のヘリをサリン散布に使おうとしてオウムが輸入したなどの情報があって、その件を確認したくてKさんに電話しました。当事者だから認めるわけはないけれど、とりあえずどんなニュアンスで対応するのかを探るつもりでした。ところが、「ああ、ロシアから持ってきたヘリ、どこかにありましたね」みたいな感じで、全然隠す気がない。撮ってもいいですかと聞いたら、「別に問題ないと思いますけど、どこにあるのかわかんないんです」って。その程度の管理すらできないこともあきれたけれど、地下鉄サリン事件で世の中が騒然としているときなのにあまりに緊張感がなくて、非常に驚いたことを覚えています。

早坂　彼女も事件にまったく関わっていなかったので、そういうのを公開することで自分たちが不利になるとはまったく考えていなかったんじゃないでしょうか。あのヘリコプターは結局飛ばすことができなかったから、逆に見てもらったほうが真実がわかると考えていたかもしれません。どちらにしてもあの頃は指示系統がぐちゃぐちゃで、情報を上げて決済を仰ぐような立場の人がいなかったので、ある程度自分の裁量で判断していたと思います。

森　刺殺された村井秀夫さんは？

深山　すごくまじめで、麻原さんの言うことを最も強く実践しようとしていた人でした。睡眠時間は一日三時間で、あとはワークに没頭していた姿を覚えています。その三時間も、一時間ずつ分けて寝ていた時期があったようです。それでは身体がもたないから、電話で話している最中に寝てしまったこともありました。それくらい頑張る人でした。

森　朝生で初めて村井さんに会った田原総一朗さんが、「あんなに目の澄んだ男を初めて見たよ」と言っていました。

深山　部下に対して厳しかったという話もありますけど、私やまわりの人が知っている村井さんは、いつもにこにこしている優しい人でした。感情を出すこともなく、なんでも淡々と話をする感じでした。

井上嘉浩のこと

森　井上嘉浩について聞きたい。彼はある意味で、地下鉄サリン事件におけるキーパーソンではないかと僕は思っています。

深山　どういう経緯かわからないですけど、サリンの原料を保管していたのは井上さんであるというのを報道で見ました。それを知ったときの麻原さんが、これは神々の意思だ、突っ込めということだというふうに受け止めたとしてもおかしくないと思いました。

森　麻原はサリンの原料であるジフロを廃棄せよと指示したわけですよね。九五年一月に。

早坂　地下鉄サリン事件に関しては、あるはずのないものがあったというのが大きなポイントだったと思います。そういう綾というか現象の動き方に麻原さんはすごく敏感なので、おそらくそこでなにか感じるものがあったのではないか。それこそいま深山が話したように、なにかの示唆として受け止めたかもしれないと思っています。

森　神々の意思と受けとめたということ?

深山　神々の意思もそうですし、弟子たちの望みというか潜在的な願望として受け止めたのかもしれません。それがマハームドラーだとしたら、弟子たちが潜在的に抱えている闇みたいなものを引き出して、それは本当にひどいことじゃないかと叩いて落とすというのが目的になりますから。

早坂　要するに、現象化させるということです。

深山　捨てろと指示したものを弟子が取っておいたということは、その人の中にサリンを使いたいという潜在的な欲求があると麻原さんは解釈したと思います。絶対に使いたくないなら、捨てろと指示されたときに喜んで処分していたでしょうから。麻原さんはそういうふうに考えて、弟子にそういう願望があるなら現象化させなければいけない、その流れに乗るべきだと考えたのかもしれません。

森　ネガティブな願望を引き出そうとしたということですか。でもその結果として、十三人の死者と約六千三百人の負傷者が出た。サリンの量から考えれば、何百人、何千人が死んでもおかしくなかった。それよりも、弟子のカルマを引き出すことを優先するということの意味がわからない。

深山　先ほども話したように、いまいる弟子たちのステージをまず引き上げて、その弟子たちが救済する側に立ってそれぞれ縁のある衆生を救済するというのが麻原さんの考える救済の形でした。その途中でまわりに迷惑をかけるようなことがあっても、本当の意味で救済ができる弟子を育てることを優先しなければいけないという話を、麻原さんから聞いたことがあります。その弟子が救済者になったら、かつて迷惑を被った人たちが、魂のレベルで救済されるようになるということのようです。だからまず弟子のカルマを引き出すことを優先させた。ただし、そのマハームドラーは、事件に直接関与した人たちだけではなく、オウムと関わったことのある弟子全員に対するものだったように思います。

　麻原さんは何かを行うとき、あるひとつの効果というか結果だけを考える人ではありませんでした。そこは一石二鳥とか三鳥、四鳥というものを意識していたと思います。事件は弟子へのマハームドラーだったかもしれないけど、同時にそれをきっかけに社会自体を変えたいというのもあったんじゃないか。そのことはずっと説法でも話していたので、その目的を果たせるいい機会だと思っていたのかもしれません。世の中の人たちに受け入れられるかどうかは別にして、宗教的な社会をつくることをずっと目指していたので、人々の意識を変える機会にしたいと考えたのかもしれないということですけど、そこは実害を被られた方たちのことを考えるとちょっと話しにくいところです。私の見方が当たっていても外れていても、オウムと無関係だった人たちには不快な話ですから。

森　不快のレベルではないです。そもそも井上はサリン事件が起きる前、教団の中ではどういう存在でしたか。

深山　教団の中では称賛する人と、逆にすごく嫌っている人がいて、本当に評価が二つに分かれていました。努力家であることは確かだから、麻原さんもそこは高く評価していました。でも嫌う人は本当に嫌っていました。井上さんがまだ出家したばかりの頃、自分は女性兵士に殺されたという彼の前世の体験談が教団機関誌に載りました。それを読んで「殺したのは絶対私よ」と話していた女性サマナが、私のまわりに二人いました。

森　深山さん自身は？

深山　好きか嫌いかと言われたら、好きではないと答えます。表と裏がすごくある人なので、あまり信用していません。彼が性欲の破戒をした相手の女性サマナから、相談されることがたびたびありました。誘惑してきたのは彼の方なのに自分から誘惑したことにされているというようなことを、複数の女性サマナから訴えられました。彼の過去世の体験談に反応して「私が殺した」と言ったのも、井上さんに誘惑された女性の一人です。彼女は当時まだ未成年で、現世のときシンナーに手を出してそれをやめるために出家したということでした。それで更生して支部活動をしているときに、誘惑されたようです。

その話を初めて彼女から聞いたとき、別の部屋に井上さんがいたようです。気配を消して話を聞いていたのか、彼女が去った後にいきなり部屋に来て、あの子はもともとシンナーをやっていてありもしない変なことを言うから真に受けてはいけない、みたいなことを言いました。

私は最初、どちらが本当のことを言っているのか判断できませんでした。でもそういう話を一人だけでなく複数の人から聞くうちに、井上さんが嘘をついているんじゃないかと思うようになりました。たまたまなのか、井上さんの破戒の相手は私と仲がよかった子が多くて、みんなそのときの状況を赤裸々に話してくれましたから。だから、それと同じようなことが、いろいろな事件でもあったのだろうと思っています。

井上さんに関してはこんなこともありました。世田谷の東京本部道場で麻原さんから、私と井上さんに在家信徒さんの修行指導をするように指示されました。「いまは信徒さんたちの霊性を向上させることがグルの意思だ。よろしく頼むよ」と。

ところが麻原さんがその場を離れた途端に、井上さんは「私はセミナーのインストラクターはやりません。このまま信徒を増やす活動を続けます。オウムの教勢を拡大することがグルの意思ですから」と言って、どこかに行ってしまいました。サマナが「グルの意思」という言葉を使って自分の好きなことをやることはたまにありましたが、ここまであからさまなのは後にも先にも見たことがなかったです。

森　つまり「グルの意思」というフレーズを、自分の都合のいいように解釈して使っていた。

深山　修行のプロセスで表層的なエゴは落ちて潜在的なエゴが表面に現れることがあるので、そうした時期なのかなと思っていました。そういうものをあえてグルが引き出すのがマハームドラーです。本人には自分の悪い部分が出ているという自覚がないこともあるので、振り回されるまわりは本当に大変です。そこを抜けてしまうと、がらっと人格が変わったようになるんですけど。

早坂　別の角度から話をしていいですか。一般の人はオウムのサマナに対して、グルからの指示待ちで上から言われたことをなんでも忠実にこなすというイメージを持っているように思います。でもそれは教団がある程度大きくなってからのことです。僕が出家した頃には、悪業やマイナスになることをなるべく回避したいので、自発的に動こうとしないサマナが多かったです。でもそれは修行の目的から考えるとおかしい。本来の解脱・悟りは、目の前に数ある選択肢の中から、自分自身で正しく取捨選択ができる状態になることですから。

森　ブッダの言葉ですね。犀の角のようにただ独り歩め。

早坂　そういうのがわかっていたからでしょうけど、初期の頃の雰囲気は、自発的に動く人がもっと多かったようです。麻原さんがそういうふうに指導していたし、グルとの物理的距離が近かったので、間違った方向に行ってもグルに軌道修正してもらえるという安心感もあったと思います。さっき森さんが名前をあげられた高弟たちには、そういうタイプが多かったです。ただし、その人の選択次第で、まわりの負担が増えることがあります。井上さんの場合、自分の功徳の積み方は入信活動を頑張ることだと決めていたようですけど、その後の信徒さんのフォローはまわりに任せていたので、自分がおいしいところだけ取って、おいしくないところはまわりに押しつけている人という見方をしている人もいました。まだ若くて未熟だったからまわりを気遣うことができなかったのか、それとも自分が価値を見出していることしかしない、徹底した性格だったからそうだったのかはよくわかりませんけど。

森　井上については、後半のオウム法廷に関してのパートであらためて聞きます。

5 いま、振り返るオウム真理教

脱会へ

森 深山さんは松本サリン事件で何か変だなと思い始めた頃に「ニューナルコ*」をされたんですね。

深山 そうです。思い出してみると、何かおかしいなと思ったときに荷造りをして、麻原さんのところに行って還俗しますと報告したようです。

森 脱会しますということを麻原さんに言いに行ったんですね。麻原はどんな感じでしたか。

深山 そこは残念ながら覚えていません。断片的な記憶では、麻原さんがなにか熱心に話してくれたような感じはあるんですけど、具体的な内容はいまだに思い出せていないんです。

森 その直後にニューナルコを受けた。

深山 そうです。どうしてかわからないけど説得されて、同意して受けたみたいです。

＊ニューナルコ
薬物と電気ショック療法を利用して開発された信者の記憶を消す処置。イニシエーションの一つと位置づけられていた。

森　どのくらい記憶がなくなったんですか。麻原のところに行ったことも覚えていないんですか。

深山　最初はまったく覚えていませんでした。後から、まわりからこうだったという話を聞いて、それを手がかりにして少しずつ思い出していった感じです。でも全部ではなくて、思い出せない部分もところどころありました。私はニューナルコを受けた回数も多かったみたいです。実は受ける前に、自分に対して手紙を書いていました。同意はしていたけど納得してなかったらしくて。人に見られる可能性があったので内容は曖昧にしていました。それを見つけて読んで、最初はすぐに状況を思い出していましたが、繰り返し受けているうちにだんだん思い出せなくなっていったようです。

森　今から記憶を消すと言われて同意した理由が不思議です。

深山　修行のためだと言われて同意したのではないかと思います。どういう説明があったのかは覚えてないけど。たぶん私の至らないところ、解脱できないのはこういうところだと言われて、そうかと受け止めて。そこはけっこう素直というか、それならグルの言うことを聞かないといけないと考えたんだと思います。

森　ニューナルコを施した医師は、無期懲役の判決を受けた林郁夫さんですか。

深山　そうです。点滴用の針を刺すとき、林郁夫さんが「チクッとしますよ」と言っていたのを思い出しました。

森　結局、そういう形で記憶が消されてしまって、教団にとどまり続けて、九五年三月の地下鉄サリン事件を迎えることになりますよね。そのときはどこにいましたか。

深山　上九の第六サティアンのシールドルーム*の中でずっと修行していました。

早坂　僕も上九の第六サティアンのシールドルームにいました。その前の年、一九九四年からロシアに行って、地下鉄サリン事件の十日前くらいに帰国しました。

森　上祐さんとかもロシアで一緒だったんですか。

早坂　いつも一緒だったわけではありません。モスクワには支部が数カ所あって、僕はそのひとつを担当していたので。

森　何しに行ったんですか。戦車を買いに行ったんじゃないですよね。

早坂　そういうのは別の人の役割だったみたいです。ロシアでのPR活動をサポートしたり、支部で在家の信徒さんたちの修行指導をしたりしていました。

森　当時、ロシアには信者がどれくらいいたんだろう。

早坂　正確な人数は覚えていませんが、会員システムで十万人くらいはいたんじゃないでしょうか。出家のサマナもいました。ロシア国内向けにラジオやテレビの放送を行っていたので、そ

＊シールドルーム
電磁波を遮断する伝導体の壁で囲まれた二畳ほどの部屋。この中で後述するPSIが行われていた。

の反響がけっこうありました。それで日本に帰ってきて、ほどなくして地下鉄サリン事件が起きて警察の強制捜査が始まったので、なにが何だかよくわからない感じでした。

森　その段階で、これはうちがやったのかなとか思いましたか。

早坂　それはないです。当時の雰囲気を知らないし、情報もありませんから。オウムがやったとわかったのは、その件で逮捕者が出て、その人たちが警察の取り調べで犯行を認めてからです。けっこう後になってからでした。

森　早坂さんの正式な脱会はいつですか。

早坂　一九九五年の六月下旬頃だったと思います。正式に脱会したというより、教団施設を出てきました。

森　逮捕された多くの信者が取り調べで自供し始めるのは、時期としてはもっと後ですよ。

早坂　オウムの犯行だと知って出てきたわけではないです。きっかけはその年の五月十六日の麻原さんの逮捕です。麻原さんがいなくなって、あっという間に自分の知っているオウムではなくなってしまったので。その頃、ここにいてもしょうがないという気持ちになって、一時避難みたいな感じで教団から出ました。

森　一時避難？　自分が知っているオウムでなくなったというのは、例えばどういうことですか。

早坂　その頃僕は修行班の監督をしていましたが、修行班の人たちが雑用にかり出されて修行を中断することが続きました。麻原さんは修行を大切に考えていたので、そういうことはほとんどしたことがありませんが、そのとき権限を持っていた人の考えは違ったようです。たぶんこんな非常時にのんきに修行なんかしていても教団の役に立たないという感じだったと思います。その気持ちはわからなくもないし、反対の立場だったらそう言いたくなったかもしれません。それでも頑固に修行第一の場所であり続けようとするのがオウムだと思っていたので心が揺らぎました。もちろん、その中で師としての責任を全うすることも考えたけど、まわりの現象がそのように動かないので、教団から出ていったほうがいいんじゃないかと考えるようになったわけです。

森　もし麻原が逮捕されずに教団にいたら、早坂さんは今も信者だったかもしれない？

早坂　そこは前提に無理があるので答えようがないです。実際にいくつも凶悪事件が起こっているので、麻原さんが逮捕されていない状況というのが想像できないです。

森　確認します。早坂さんがオウムをやめた理由は、教団が事件に関わったからというより、麻原がいなくなったからということですか。

早坂　教団を出たその時点ではそうですが、残っていてもいずれ出ていったと思います。あれだけの凶悪事件を起こしているのを知って、平然と同じ生活を続けることはさすがにできませんから。当時は判断材料がなかったというか、まだオウムがやったと思っていないので、教団を出た理由を正直に話すと、ちょっとおかしなものに見えてしまうということだと思います。

森　いずれにせよ麻原ありきということですね。深山さんはいつ教団を出たんですか。

深山　早坂と一緒に脱会しています。言葉にできる部分は、だいたい早坂と同じような気持ちでした。ただ、一番大きかったのは、直感的に今はここを出なければいけないという思いがずっと頭から離れなくなっていたことです。なぜそうなったのかよくわからなかったけど、とにかくいったん外に出て、いろんなことをもう一度見つめ直す時間が必要なのではないか、少し遠くで静かにしていなければならないのではないかとか、そういった考えが頭から離れなくなっていました。でもどこかで自分は単なる魔境の状態かもしれないという思いもあった。まわりには、出るなら一緒に連れていってくださいと言っている人もいたんですけど、自信がまるでなかったので早坂だけを誘って黙って出てきたという感じでした。

森　一般の人のイメージとしては、オウムから脱会したら、どこまでも追跡されて場合によっては殺害されてしまうと思っている人がたくさんいます。実際にそんな報道はたくさんありました。

早坂　少なくとも僕の中にはそういうイメージはまったくなかったです。

森　うん。これについては、僕も同じです。というのは『A』を撮っていた一九九六年、富士道場でサマナが脱走した現場に出くわしたことがあります。○○さんがさっき荷物をまとめて出ていってしまいました、との報告があったのですが、その場にいた師のレベルのサマナたちはみな、「仕方がないねえ」とか「忘れたものがあるなら後から実家に送ってあげましょう」というような反応でした。少なくとも殺気立った雰囲気はまったくない。もちろんサリン事件から時間が経過していますから、これをもって以前も同じだったと断定することはできないけれど、推し量ることはできます。

早坂 殺人とかの違法行為を実際に行っていた人には、刺客とかそういうのではなくて、後戻りできない思いのようなものがあったかもしれません。やってしまったことは消すことができないし、重大な秘密を実行犯たちの間で共有していたことも心の大きな枷になっていたでしょうから。そういうのを考えると実行犯の人たちには、オウムから離れることができても安穏と暮らすことはできないという気持ちがあったんだと思います。そうではなくて本当に刺客が向けられる恐怖と戦っていたというんだったら、自分にはまったく理解不能で、そこは主張している人にしかわからないことです。

森 実際に違法行為に加担していた人の場合ですね。確かにそれはわからない。僕が撮り始めたときには、違法行為に加担していた人たちは根こそぎ逮捕されていましたから。でもオウムを考えるうえで重要なポイントの一つは、違法行為に関わっていた人たちと関与していない人たちの間には、内実としての違いがほとんどないことです。つまり誰もが実行犯になった可能性があるし、今の死刑囚の誰もが関わらなかった可能性がある。その違いは指示をされたか否かです。早坂さんの今の話から演繹すれば、サリン事件が起きる前だったら、脱会は難しかったということになりますか。

早坂　一般論で言えば、オウムが起こしたのは組織犯罪なので、そこにいる誰もが関わっていてもおかしくないということなんでしょうけど、そこはちょっと難しいです。可能性としていろいろなことが考えられますから。それでサリン事件が起きる前だったら脱会が難しかったというのは、そうかもしれないし、そうでないかもしれないとしか言えません。凶悪事件に関わって、その後に去っていった人は実際にいますから。

深山　今の刺客の話とは逆のケースもあって、サマナが麻原さんに「去っていった人を連れ戻したい」と言ったら、「もう追いかけるな」と言われることもありました。それでも指示に従わずに自分の判断で追いかけていく人もいました。

早坂　そういうのは口封じのための刺客というのと意味合いがかなり違います。去っていったのが深い縁を感じていた人、仲のよかった人なら、追いかけて説得して教団に戻そうとする人は確かにいました。

假谷さん事件について

森　假谷清志さんの事件*についてては。

早坂　あれはそういうのとも違います。もっと泥臭いというか、利害が絡んでいたんじゃないかと思います。連絡が取れなくなった妹さんは、たくさんお布施をしていた信徒さんとして有名でしたから。

深山　あの事件は麻原さんの指示ではなく、弟子たちが勝手に行動を起こしたのではないかと私は考えています。もともとの目的は殺すことでなく、お布施をさせることではないかと。私が東京本部にいた頃なので九二年のことですけど、信を失いかけている在家の信徒さんに強引にお布施をさせるようなことがたまにありました。それらは麻原さんの直接指示で行われていたわけではなくて、ほとんど現場の判断で行われていました。もちろんそういうことがあったのは、麻原さんが行ったヴァジラヤーナに関する説法の影響からですけど。

私が覚えているのはこんなケースです。オウムをやめると言っていたある在家の信徒さんの家に、男性の師と二人で説得に出かけたことがありました。そのときにその男性の師は、本人

＊假谷清志さんの事件
信者の妹をかくまったとして、兄である目黒公証人役場事務長（当時）の假谷清志さんを拉致・監禁、殺害して、遺体を遺棄した事件。1995年に起き、この後に起こした地下鉄サリン事件は、この事件をきっかけとする警察の強制捜査を妨害するのが目的だったとされている。

の許可なく、強引にその信徒さんの家にあった家財道具を持って帰ろうとしました。功徳がないからオウムをやめようとしている、だから布施をさせて功徳を積ませてやるんだという理屈だったと思いますけど、私は納得できなかったので反対して、その信徒さんの前で二人で言い争うことになりました。

その頃に麻原さんが行っていた説法に、お釈迦様の前生の体験を紹介していた経典（ガティーカーラ・スッタ（陶師経））を解説したものがありました。受け入れる心の状態がある相手に対して、強引に奪い取るような布施を行ったというような内容でした。相手との間に、それだけのことを行ってもいい深い縁や強い信頼関係があるからできることだと私は解釈していました。ところが信徒さんの家から家財を持って帰ろうとした師は、違う解釈をしていたみたいです。

森　麻原の指示ではないとの仮説にすぐに同意はできないけれど、でも解釈の問題は、例えばクルアーン*や聖書の周辺でも、常にくすぶっていることは確かです。

深山　そういうことがあったので、同じようなことが假谷さんのときもあったのではないか、そしてそれは麻原さんの指示ではなく、弟子たちが曲解した教えに基づいて行おうとして、過失によって死なせてしまった可能性があると思ったわけです。

＊クルアーン
イスラム教の聖典。コーランともいう。

早坂　麻原さんの指示があったかどうか、その場にいなかったので実際のところはわかりません。でもオウムの中の雰囲気を知っているので、世の中の人たちが考えているように何でもかんでも麻原さんの指示で行われたと単純に考えることができないわけです。

例えばオウムの信徒には「黒信徒」と呼ばれる人がいました。本人は入信していることも知らない、とりあえず入会金と会費はその人の家族なり知り合いが払っているので一応信徒としてカウントされる人たちです。

森　新聞の押し紙みたいだな。

早坂　なぜ黒信徒が生まれたかというと、入信者の数を増やすためにそういうことをしていた人がいたからです。

それは麻原さんの指示かというと、そんなことはない。結果的に黙認はしていたようですけど、日頃からただ信徒にしても意味がない、活動信徒にしてその人がちゃんと修行して解脱・悟りを目指すような状況にしないといけないと言っていましたから。だから生まじめな人はそうするべく頑張っていましたけど、そうでない人もいたわけです。そういう人も、麻原さんが黙認しているのをいいことに自分がやっていることはグルの意思だと胸を張っていた。そういうのを知っていると、オウムの事件に関しても、本当にすべてが麻原さんの直接指示なのかと疑問に思ってしまうわけです。

森　指示と解釈。あるいは黙認。そして忖度と暴走。これらの言葉はオウムがなぜあれほどの犯罪を起こすに至ったのかを考えるうえで、とても重要です。さらに付け加えれば、ほとんどの組織共同体が過ちを犯すときの主要な因子です。

逮捕時の麻原について

森　麻原が逮捕されたとき、二人はまだ上九にいましたよね。このとき麻原は、上九の第六サティアンの天井裏にあった隠し部屋に、札束と一緒に隠れていたと報道されました。これ以上にないほどに醜悪な状況だけど、あれはどう思いますか。

深山　その隠れていた場所は、私がニューナルコを受けたところのすぐ下のようです。私からすると、すぐ傍にいてくれた、見放されていなかったんだと逆に思っちゃう部分がありました。

森　……それは、違うと思う。

早坂　第六サティアンの三階に治療省の部屋があって、ニューナルコはそこで行われていたようです。そこは床に数十センチくらいの段差があって、それが無性に気になっていたのを覚えています。

森　どうして?

早坂　そこを通るときになんとなく意識が引きつけられてしまうというか。実際に確認したわけではありませんが、いろいろな話を総合して考えると、どうも隠し部屋はそこにあったようです。オウムではニューナルコもイニシエーションの一種と位置づけていたようですけど、そこに麻原さんがよく潜んでいたならば不思議と辻褄が合うと思いました。

森　辻褄の意味がわからない。つまりニューナルコという荒療治を受けるときに、実はグルは傍にいてくれたということですか。

深山　偶然かもしれないけど、その場所の近くに隠れる場所があったというのは不思議な感じがしました。物理的に近いということはそれだけエネルギーを送りやすいということになりますから。

早坂　一般の感覚からすれば、記憶を消すことは相当な虐待行為と受け止められるでしょう。実際、オウムの中でも犯罪行為や犯罪の痕跡を消すために使われたこともあったようなので、僕自身も最初は違う見方をしていました。でもあらためて検討してみると、当時のオウムの中では、それも一つの有効な修行の方法という評価だったのではないかと思いました。ニューナルコが始まった経緯はまったく知りませんけど、許可する側も提案した側も修行と結びつく理屈がないとできないからです。

その人の好みとか観念は過去の経験に左右されるけれど、僕らはそういう影響から脱するために自分の行為や発する言葉、考え方を仏教的な戒律で縛っていました。あるいはひたすら説法を聞きながら、物事をどういうふうにとらえたらいいのか、どのように考えたらいいかを学ぼうとしていたわけです。

これはある意味で自発的な洗脳と言えるけど、自分から強く望んでやろうと思ってもなかなかできるものではない。自分でも気づかないうちにその人の思考の傾向のようなものが出てきて、知らず知らずのうちにそちら側に流されてしまうからです。その思考の傾向をつくっている大きなものの一つが、先ほども言った過去の経験です。だから記憶を消すことは、その影響を弱めることでもあります。実際には、影響が最も大きいのは潜在意識にあるもので、ニューナルコはそこまでアプローチできていなかったかもしれないけれど、一応の理屈としてそう説明できるから、イニシエーションとして公然と行われていたんでしょう。

森　理屈としてはわかります。あくまでも理屈です。でもならば札束はどう説明しますか。

深山　麻原さんはいつも大金を持って歩いていました。オウムは現金決済なので、求められたらすぐに出せるようにしていたようです。実際にお金を持っていたのは、麻原さんでなくて一緒に行動しているサマナでした。麻原さんが外に出かけるとき、大量の現金が入っているカバンを重そうに持っている人がいつも横にいました。サマナから緊急の経費の請求なんかがあったときには、そこからすぐに出して渡していました。だから逮捕されたときも、大量の現金が近くにあったんだと思います。その話に少し尾ひれがついて、現金を握りしめていたって話になったのではないかと、そういうふうに受け止めています。

それにお金を銀行に一切預けなかったので、教団の収入は現金で保管されていたはずです。そのお金が麻原さんが持っていたものなら、別におかしなことでもなんでもないです。お金というのはエネルギーだから、業財と同じようにカルマを受けているという考え方をしていたのがオウムです。だからお布施されたお金は貯め込まずに、教団の活動のためにすぐ使ってしまうという話を麻原さんは常々していました。

早坂　一九九五年の説法では、当時のオウムの中で、年間百二十億円くらい動いていたという話があります。それで毎月十億円くらい入ってくるけど、自分の前を通過するだけみたいな話をしていました。こっちから来たものを、あっちへ流していくというようなことです。オウムの中のたいていの部署は倹約していて、コピー機を使うときでも用紙は裏紙、出版物の紙も最低クラスのものを使ったりしていました。その一方で、最新の設備を導入したり、お金をかけるべきところにはかけていました。とくに科学班の活動は制限なくお金を投入していた感じがしました。

森　それほど倹約していたのに、サリン開発などにはお金を惜しまなかった。その理由がわからない。そもそも宗教集団なのに、科学班があることが不可解です。

深山　そこは私が宗教画を描いていたことと同じ理屈になります。形のある修行だけでなく、ワークそのものが修行に結びつけられていました。私の場合、麻原さんが絵を通して私の状態を見ていたと同時に、グルから与えられた難しい課題を集中してクリアしていくことによって、私自身の瞑想修行にもつながっていました。科学班もそれと同じような意味があっただろうし、論理的思考の訓練の場としても打ってつけなので、科学に興味のある人を中心に集めて活動させていたんだと思います。

早坂　武器の開発に多額のお金を投入していたことは僕もおかしいと思います。でも宗教と科学は相反するものではないというのがオウムのスタンスなので、科学班があること自体をおかしいと思ったことは一度もないです。なんでもゼロからつくり上げていくのがオウム流で、それは思考力を培う修行としての意味が強かったと思っていました。これはどこの部署でもやられていたことですけど、科学班は日常的な活動が論理性を培う訓練になるので特にやりやすかったでしょう。そもそも科学班は、武器開発のような非合法なものだけでなく、法具や生活用品を製造したり、印刷工場やイニシエーション用の機械とか教団の活動や修行をサポートするインフラや仕組みをつくったりといった合法的な活動もたくさんしていました。みんなが目にしていた成果物はほとんど後者なので、科学班があること自体がおかしいとか変だという発想はなかったです。

深山　先ほどの話もそうですけど、警察やマスコミ経由で流れてきた話の多くは、まず悪意ありきで、醜悪さを強調させるために、わざと話を大きくする傾向がありました。これまでの経験からそう思っていたので、そういう話を聞いても鵜呑みにしないようにしていました。情報があれば実際はこうだったんじゃないかと、ある程度は自分で判断する癖もついていたので、麻原さんが逮捕されたときの話を聞いても、とくに気にしたことはなかったです。

森　政治権力が標的として設定した人や組織の情報を、悪意ありきで醜悪さを強調するという部分に関しては、僕もまったく同意します。パターンがあるんです。アメリカがイラクを攻撃したとき、地下の穴に隠れていたサダム・フセインを発見したと報じました。その状況描写は麻原逮捕の状況とそっくりです。つまり権威の矮小化ですね。情報は都合よく強調され、また加工されます。その意味で深山さんはメディアへのリテラシーがあるとも言える。ただね、治療省の下に隠し部屋があったから麻原は自分たちを気にしていたんだとの解釈は、少し都合良すぎやしないかとも思います。

深山　私は比較的近くで麻原さんがいつも弟子に対して細かい気遣いをしている姿を見てきたので、都合のよい解釈だとは思いません。隠し部屋に隠れていた頃も、麻原さんが近くにいることをエネルギー的に感じていましたが、そこは感覚的なものなので言葉で説明するのはちょっと難しいです。その頃は直接会うことがなかったので麻原さんが何をしていたのか詳細は知りません。それでも極秘ということで人を介して指示やアドバイスが届くことがありました。それはおそらく私だけではないので、やはり逮捕直前でも弟子たちのことを気遣っていたんだと思います。麻原さんはそんなふうに父性だけでなく、母性を感じさせてくれるところもありました。

オウム法廷をどう見たのか

森 オウム法廷の話に移りますが、破防法弁明や初公判の弁論の頃は、麻原には明晰な意識があったし、発言もしっかりしていました。ところが法廷の回を重ねるごとに、彼の精神状況は少しずつ悪化した。僕はそう思っています。でもならば、最終解脱者があっさりと壊れてしまったということになる。二人はどういう思いで見ていましたか。その頃には二人とも脱会していたけれど、オウム法廷は新聞やテレビで見ていましたよね。

深山 見ていました。おかしくなったのは、麻原さんの法廷に井上さんが証人として出廷したときだったことを覚えています。

森 麻原の主任弁護人が井上を反対尋問しようとしたときに麻原がそれを止めて、そこから弁護団と意思の疎通ができなくなった。

深山　止めたのは、井上さんをかばうためだったと思いました。

森　確かに麻原はそのとき、弁護団に対して「井上証人は偉大な成就者で、彼に反対尋問などは許されない」と発言して反対尋問を止めた。でもこのときは、井上が証言したリムジン謀議への反対尋問です。サリン事件直前に麻原のリムジンに乗ったとき、麻原から「サリンを撒け」と指示されたと井上は証言した。検察としてはこのリムジン謀議で、麻原の共謀共同正犯を立証しようとしていました。もちろん弁護団は、これを認めるわけにはいかない。そんな瀬戸際の攻防の際に、なぜ麻原は井上をかばうんですか。

深山　そういう人だからです。井上さんに限らず、弟子の誰に対してもそういうことをしてくれました。井上さんの法廷がきっかけになっているので、彼だけが特別扱いされているように見えるかもしれませんけど。

早坂　あのとき麻原さんが井上さんに対して何をどう思ってかばう姿勢を見せたのかわかりませんが、そのことに対して他の弟子たちが口を挟むことをしないのがオウムの常識でした。どんなに信徒や出家者が増えても、基本的にグルと弟子は一対一の関係ですから。我慢できずについワアワア言ってしまうような人もいましたけど、とくにステージが高いと言われていた人は他の人のことに口を出しません。グルの接し方だけでなく、その人がやっていることに対してもです。たとえその人が誰から見ても明らかに悪業を積んでいたとしても、それを自分が裁こうというような発想自体がないんです。そこはカルマの法則によって自然に裁かれると思っています。だから裁判でも、弟子たちの間で主張していることが大きくくい違っていても当事者同士で論争になることがほとんどないんだと思います。

深山　もし仲間の言うことに巻き込まれて自分が不運な状況になったとしても、それは自分の中にそういう要素があるからというふうに、自分の問題として考えるのがオウムの人たちの傾向です。

森　つまりカルマの発想の延長ですね。

深山　ステージが高い人ほどそういう傾向が強いです。誰かのせいで自分がわりをくうようなことがあっても、相手のことを責めたりしません。ただ、相手がグルの場合は、依存心が働いて、自分の悪業を引き受けてもらいたいと考えることはあると思います。

森　でもやはり、リムジン謀議がもしも井上の虚構であるならば、……これは後で詳しく話しますが、その可能性は極めて高いと思っています。その反対尋問を麻原がやめさせる意図はわからない。だってその結果として、自分が窮地に追い込まれるのに。

深山　可能性の一つとして考えられるのは、井上さんのホーリーネーム、アーナンダに関係しているのではないかということです。アーナンダというのはお釈迦様の十大弟子の一人の名前で、お釈迦様に入滅の時期を決めさせた人だと言われています。麻原さんも自分が入滅するというか、死ぬ時期の指針とする弟子は常に二、三人いると言っていました。井上さんはアーナンダという名前をもらっていたくらいなので、その指針になる一人になっていたと思います。だから井上さんが法廷ですべての責任が麻原さんにあるように証言したとき、麻原さんは自分を壊したんじゃないかと思います。本当はその前から少しずつ壊れかけていたんでしょうけど、あの裁判をきっかけにそれに抵抗するのをやめてしまって、肉体から意識が少しずつ離れていったんじゃないでしょう。

森　ちょっと待って。つまり麻原は意識的に壊れたということ？　うーん。それは詐病とは違いますよね？

深山　詐病とは思っていません。でもそこはちょっと複雑です。アストラルとかコーザルとか別の次元では明確な意識を持っているのかもしれないけれど、この現実の世界の次元ではもうぼろぼろなんだと思います。実は麻原さんが壊れかけていたとき、新聞社の人に誘われて何回か裁判を傍聴したことがありました。その時点ではもう、私の知っている麻原さんの面影がないというか、エネルギーが変だと感じました。

森　早坂さんも、麻原は壊れたのではなくて自分で自分を壊した、と考えていますか。

早坂　両方だと思います。壊れてもおかしくない環境の中にいて、あるときから抵抗するのをやめてしまった感じがしています。だから原因は一つではなく、いろいろなものが複合的に絡んでいるんじゃないかと。例えば拘置所自体が、今もそうかもしれないけど、視覚障害者を受け入れる環境を整えていなかったことも、原因の一つになっていると思います。

深山　見えていたということにしたほうが、詐欺師というイメージが際立つのでしょうけど。私のところに事情聴取に来た警官も、ストローをコップにちゃんと差したし、壁もよけて歩くから盲目ではないと言っていました。でも森さんが先ほどおっしゃったけど、昨日今日視力を失ったのならともかく、幼い頃からずっと弱視で何年も前に失明したならば、ストローを差したり壁をよけて歩くくらいはできるでしょう。

早坂　視覚障害者を取り上げたテレビ番組で、目が見えない人たちがどうやってまわりの状況を把握しているかを紹介していました。視覚が不自由でも、音の反響とか空気の流れで目の前に壁があることを感知できるので、ぶつかることなくその前で止まることができるということでした。目が見えないことを否定されて、そういう扱い方をされたわけですから、長期間に及べば壊れる部分が出てきて当然だと思います。

深山　なるべく自分の身体を人に触らせない生活を、麻原さんはずっと送っていました。カルマ交換になるからです。どうしても触る必要があるとき、例えば杖代わりにしていた人も、自分とカルマの近い娘だったり高弟だったりしました。

森　人になるべく触れないようにしていた。でも複数の女性に子供を産ませていた。やはり納得できないです。まあ繰り返しになるので、これ以上は言いません。そういえばかつては、アーチャリーがよく杖代わりになっていましたね。

深山　シャクティーパットも含めて、エネルギーを放出するときと保持するときというメリハリはキッチリしていました。特に麻原さん自身がステージを上げたいときは、徹底してまわりを捨断していたという話を何度か聞いたことがあります。そういう生活をずっと続けていたのに、逮捕されてからは捜査官や刑務官から毎日普通にべたべたと触られていたはずです。彼らは修行を全然していない人たちですから、相当のエネルギーロスがあったでしょうし、そのうえでもしも薬なんかを処方されていたら、やっぱり昔のような状態を維持するのは難しかったと思います。

早坂　推測ですけれど、拘置所の中で反抗的な態度を取ることが多かったから、まわりは扱いづらかったのではないかと思います。それでおとなしくさせるために向精神薬みたいなものが使われた可能性があると見ています。

森　その説は、僕も弁護士ルートで耳にしたことがあります。

早坂　そういうことがあったのならば、それは拘置所の記録として残っているだろうから、それを確認すればはっきりするはずです。でも自分では調べられないので、オウムに関する取材を受けたときなんかに、その見方を記者の人たちに伝えるようにしていました。それはあくまで可能性の一つで、そういう事実がないとわかれば別の方向で考えてみるつもりでしたが、実際に調べてくれた方によれば、イエスでもノーでもなくて、拘置所の記録そのものが紛失していて確認できないということでした。そんなこともあって少しモヤモヤが残っています。

森　それが事実なら、確かに紛失は腑に落ちないですね。戦後最大級と称された事件の首謀者です。医療記録が残っていないはずがない。行政組織や政治家が「記録がない」と言うときは、開示することに何らかの不都合がある場合が多いと考えていいと僕も思います。本来ならメディアが追及すべきだけど、でも麻原を擁護するのかとの批判にさらされることは明らかだから、光を当てる事態にはなかなかならない。数カ月前に、まだ動いている可能性があるから固有名詞は避けるけれど、某新聞の記者から、「今の麻原の精神が崩壊しているとの説をどう思うか」と訊かれたので、「説ではなくて自分は事実だと確信している」と答えました。記者もいろいろ調べていて、自分もそう思うと言っていました。ならば麻原の死刑執行はできないし、精神が混濁し始めた時期を考えれば、麻原裁判の正当性に疑義を表明することもできる。ただしその記者は、「記事にすることは簡単ではない」とも言っていました。上司やデスクからは反対されているようです。結局はその後の連絡はないです。今も諦めていないことを祈ります。

弟子のメディア化

森　『A3』で僕は、サリン事件のメカニズムは弟子たちの暴走に加えて、麻原の目が見えないからこそ弟子たちがメディアになった影響が大きいとの仮説を提示しました。弟子たちが麻原の代わりにテレビを見たり新聞や雑誌を読んだりして、目についた情報を報告する。それがどんどんエスカレートして、米軍が攻めてくるとかフリーメイソンがオウムを潰そうとしているなど、より過激で謀略史観的な情報が多くなった。その帰結として麻原の危機意識も上昇し、それがまた弟子たちの暴走を促進した。そうした意味では相互作用です。この仮説についてはどう思いますか。

深山　麻原さん本人の中に危機意識はなかったと思いますが、サマナたちの危機意識を煽っていたというのはあったかもしれません。そのためにまわりの情報を利用した。だからそこがマハームドラーで、情報を上げてくる弟子たちの心の働きを見ていたと思います。願望というか一部のサマナの中には戦争に対する憧れのようなものもあったと思うし、麻原さんに少しでも気に入られたいという欲求もあったと思います。あるいは逆に不安からくる被害妄想とか、そういうものもあったかもしれません。

森　九五年一月一日に『読売新聞』が上九一色村の施設周辺でサリンの残留物が発見されたとスクープします。麻原は慌てて弟子たちにサリン関連の材料をすべて処分しろと命じた。ところがサリンの中間生成物であるジフロが、なぜか廃棄されないままに残されていた。すでに触れたように、井上嘉浩がこっそりと保持していたらしい。ところが井上は裁判で、自分ではなく中川が残したと主張している。もちろん中川は否定しています。この時期に僕は、中川も含めて多くの死刑囚たちと面会していたけれど、なぜ井上君はあんな嘘をつくのかと首をかしげていた人は複数います。いずれにしてもジフロが残っていなければ、サリンは生成できなかった。

深山　先ほども話したことですが、捨てろと指示したサリンの原料が残っていたならば、それを使いたいという願望がその弟子にあるということですから、そういう方向に現象を動かしていくしかないんだろうと麻原さんが受け止めたということかもしれません。弟子の心の働きを現象化して失敗させて、苦しみやエゴなんだということをわからせる。経験させることで深い部分の意識でわからせるというか。

森　つまり僕の仮説との違いは、麻原は弟子の上げてくる情報を利用して暴走させたということですね。でも少なくとも、弟子の暴走を教団の中でだけやっていれば、一般の人に害が及ぶこともなかったし、教団も存続できた。

早坂　おっしゃるとおりです。最後は教団を飛び出して社会を巻き込んでいったので、本当の意味の反社会的集団になってしまったわけです。だから麻原さんは、教団の存続を考えていなかったのではないかと僕らは思っている。自滅させるというか、潰すためにやったと言っていい。なぜそうしたかというと、それは世間に迷惑をかけるためで、それによってオウムが世間から攻撃されるためではないか。

森　世間から攻撃されるため？

早坂　弟子たちの修行を進めるために、そういう環境が必要だと思った、それが最善だと思ったのではないかということです。

森　それはやっぱりダメです。絶対に肯定できない。感情だけではなく、論理的にも同意できないです。

深山　オウムの中にいた人でさえほとんど理解できないというか受け入れられないので、それは当然だと思います。ただ、私もそうでしたけど、サマナたちはオウムの中にいることですごく安心していました。競争意識の激しさを別にすれば、すごく過ごしやすい環境だった。何も考えずに上から言われたことだけやりながらずっと修行をしていられる。でもそれでは弟子たちの修行は進まないから、麻原さんにもジレンマがあったと思います。

森　ならば結果として、サマナたちの修行は進んだと思いますか。この事件をきっかけに修行が進んだ弟子たちは何人いますか？　ほぼ残っていないですよ。

早坂　そこはよくわかりません。進んだ人は進んだでしょうし、逆に大きく後退している人もいるかもしれません。オウムの事件から二十年以上経ちましたが、輪廻転生を前提にしたらそれさえ一瞬になります。麻原さんがそういう価値観で動いていたとしたら、どう評価するかも大きく変わるのでなんとも言えないです。

深山　実際、そこは弟子だった人にも理解できないし、受け入れられることではないです。もしも本当に今話したとおりの意図で行われたんだったとしたら、私もすべて受け入れることができるわけではないです。

早坂　俺たちの幸せな環境を麻原が壊したんだ、だからグルであっても許せない、と思っている人は元サマナ、元信徒の中にたくさんいます。現在アレフ*に残っている人、それも師の中にも、尊師に私の人生を壊されたと言っている人がいると聞いています。

森　……もう少し、弟子のメディア化について聞きたいんだけど、僕がそれを発想した一つの理由は、林泰男さんに拘置所で面会したときに聞いた話です。彼と村井秀夫さんがサリン事件が起きる少し前に第六サティアンの周囲にいたときに、遠くのほうにヘリが見えた。するといきなり村井さんが、麻原に携帯で電話をかけて、「米軍のヘリがサリンを撒こうとしています」と報告した。これを横で聞きながら林さんは、「遠くて米軍のヘリだなんてわからないし、そもそもあんなところでサ

---

*アレフ
オウム真理教の後継団体。

リンを撒いたら日本中が大パニックじゃないか」と思ったけれど、村井さんは自分よりステージが上だから言えなかったそうです。この話を教えてくれた後に、「あのときに自分が二人の会話に割って入っていたら、その後に違う展開になったかもしれないと思うこともある」とため息混じりに言っていました。でもそんなことはたくさんあっただろうから、結果は変わっていなかったと思うよと答えましたけれど。

あるいはサリン事件直前に阿佐ヶ谷でやった食事会、これは井上の昇格を祝う会だったようだけど、その席上で井上が麻原に、自衛隊がオウムに攻め込む準備をしていると耳打ちして、それまでは上機嫌だった麻原の表情が変わったというエピソードも、その場にいた女性サマナから聞きました。

深山　オウムが毒ガス攻撃を受けていると言われていた頃、第六サティアンのあった場所の隣にある別荘地から教団施設に向かって毒ガスを撒いていると聞いて、見に行ったことがあります。でも普通の別荘地で、ここからサリンを撒くことは無理ではないかと思ったし、一緒に行った人も「この別荘地の入り口の前はよく通っているけれど、おかしいと思ったことは一度もない」と言っていました。一部の人たちはそんな話で盛り上がっていたけれど、私のまわりには何がなんだかわからないというサマナがほとんどだったので、そのあたりの雰囲気は共有できていませんでした。

リムジン謀議はあったのか

森　麻原有罪の最大の証拠であり、地下鉄におけるサリン散布を実質的に決定したと言われるリムジン謀議について、二人の見解を確かめたい。これは井上嘉浩の証言で成り立っています。地下鉄サリン事件が起きる二日前である一九九五年三月十八日の深夜、阿佐ヶ谷にあった教団経営の食堂「識華」で、正悟師昇格の弟子たちを祝う食事会が行われました。会が終わってから上九一色村のサティアンに戻るリムジンに、麻原と村井秀夫、遠藤誠一、井上嘉浩、青山吉伸、石川公一ら六人の幹部が乗り込みます。このリムジン車中で、強制捜査を回避するためにサリンを散布しようとの謀議が麻原主導で行われたと井上は証言しました。一九九六年九月二十日の公判です。以下に裁判記録から引用します。

〈松本智津夫氏の面前で、村井秀夫さんが「地下鉄にサリンをまけばいいんじゃないか」と提案した。私は「硫酸をまけばいい」と発言したが、松本氏は「サリンじゃないと駄目だ」と話し、村井さんに「おまえが総指揮でやれ」と指示した。さらに遠藤誠一さんに「サリンを作れるか」と聞き、遠藤さんは「条件が整えば作れるのではないでしょうか」と答え

た。〉

確かにこの証言を全面的に信用すれば、麻原の共謀共同正犯は揺るがないでしょうね。でもこのときにリムジンに同乗していた弟子たちの多くは、井上が主張したこれらの会話のほとんどについて、「(自分は) 聞いていない」と証言しています。最初にサリン散布を車内で主張したとされる村井は、サリン事件からほぼ一カ月後の四月二十三日に青山本部横で右翼の構成員に刺され、翌二十四日に死亡しています。遠藤は「サリンをつくれるか」と訊かれたことは認めたけれど、他の会話については否定しています。そもそも遠藤も、証言が二転三転することでは井上と同じ位置にいます。石川もこんな会話はなかったと証言している。

謀議についての検察側の構図を唯一裏づける井上の証言は、その後の法廷では「リムジン車中では決まらなかった。上九到着前、(麻原) 被告人に『瞑想して考えろ』と言われた」とか「教団の中で日常的に繰り返されている冗談話にすぎず、何も決まっていなかった」などと二転三転し、第十五回公判では「常識からみると、空想的、絵空事の話はオウムではよくあった。(中略) リムジンの中ではサリンを撒く話は現実問題になっていない。指示がなかったから」と証言しています。つまり車中で具体的にサリン散布計画が決まったとの自らの証言を、その後に自分で何度も否定している。

早坂　リムジン謀議については、僕はまったくわからないです。それが本当だったかは、その場にいた人でないとわからないと思います。

森　遠藤誠一は別にしても、ほかのサマナたちが「そんな話は聞いていません」と言ったことを、裁判所は「聞こえていなかった」と解釈したけれど、グルがすぐ傍でしゃべっているのに、側近たちがみな聞こえていなかったという状況はあり得ないと思う。砂利運搬のトラックとかならともかく、静かさが売りもののリムジンです。

早坂　僕はロシアの支部活動に加わっていて、当時の教団の中というか、その場にいた人たちの雰囲気を知らないのでそこもよくわかりません。ただ、その数カ月前に日本にいた頃までの雰囲気で言うと、誰も聞いていないという状況はあり得ないです。麻原さんが何かを話していたら、みんな身を乗り出して聞こうとしますから。

深山　グルの言うことは一言たりとも漏らさずに聞きたいのが弟子としての気持ちで、実際にみんなそうしていました。

森　ならばやはり、その場では井上が虚偽の証言をしたということになる。後日に井上は自分の法廷で、リムジンの中では何も決まらなかったと自らの証言を修正、……のレベルじゃないな、翻しました。ところが麻原への一審判決は、最初の井上の証言を共謀共同正犯の最大の論拠にした。だってリムジン謀議が崩れたら、麻原を有罪にすることが難しくなる。もしもそんなことになれば、世論は裁判所に対して猛り狂うでしょう。だから何がなんでも麻原を有罪にするしかない。二人が協力したＮＨＫスペシャルのドキュメンタリー・パートで、井上から番組ディレクターに届いた手紙が紹介されているけれど、そこでも「実はリムジンでは、たとえサリンで攻めても強制捜査は避けられないという点で終わったのです」と井上は書いています。またも証言を覆している。死刑が確定した今だからこそ、これが最も真実に近いとの見方もできる。ならば「強制捜査をかわすためにサリンを撒いた」との裁判所の結論は、根底から見直されなければならない。

本来なら麻原法廷はやり直されるべきです。何も明らかにされていない。あるいは間違った解釈が事実のように固定されている。そもそも被告人が法廷の中途から精神に異常をきたしていたのだから、これだけでも無効であることは明らかです。しかも有罪の最大の根拠にした証言を、証言した井上本人が後に何度も否定している。でもメディアも問題提起をしないし、社会は気づかない。おそらくＮＨＫスペシャル放映時には蒼ざめていた判事や検察官たちは、その後に胸を撫で下ろしたと思います。

もしも麻原が弟子たちの行動を黙認していたのなら、それはかつて戦争が起きたときの天皇裕仁のポジションに近い。ただし、天皇は戦争責任を追及されなかったけれど、麻原も無罪にすべきとは僕は思わない。多くの人が殺傷され、十二人の実行犯が死刑判決を受けているのだから、組織のトップとしての責任を免れることなどあり得ない。……まあでもオウムの裁判における判決は、通常の五割増しと指摘する人もいます。サリンガス散布の実行犯は死刑で、車で送迎しただけで無期懲役。これがもしもオウムでなければ、死刑判決などあり得ない人はたくさんいます。

『A3』で僕は、麻原と側近たちとの関係を、神経伝達物質をやりとりするニューロン（神経細胞）とレセプター（受容体）に喩えました。ニューロンとレセプターの位置は固定していません。要するに相互作用です。その基本線を変えるつもりはまったくないけれど、麻原がどの程度に事態を把握していたのか、そして予想していたのか、その考察はとても重要です。

深山　そこは私にもよくわからないですけど、井上さんは自分をよく見せるためのポジティブな努力はすると同時に、それを守るために人を陥れる嘘を平然とつくような人でした。それで麻原さんは、彼の嘘つきのカルマを引き出して、それが自分自身の苦しみの因になることを理解させるというマハームドラーを仕掛けたんだと思います。彼に諜報省の大臣という地位を与えて有頂天にさせて、暴走をさせて失敗させた。井上さんは裁判で、すべてを麻原さんのせいにしたわけですけど、それを敢えて受け入れて、なおかつ自分自身が壊れていくのを放置することで、井上さんに自分のしたことがどのような結果を招くことなのかを教えたかった。これまでの経緯を見ていると、そういうことではなかったかと思っています。

森　……だからさ、やっぱりそれは納得できない。だって仮にそうだとしたら、その対価として何人もの無関係な人の命を殺めて、さらに多くの愛弟子たちが死刑になるわけです。とてもじゃないけれど承服はできない。でも井上が平然と嘘をつくという話は、撮影しながらよく耳にしました。死刑判決を受けた側近たちの何人かも、なんで井上くんは法廷であんなに嘘をつくんだろう、とため息交じりに言ったことは覚えています。

早坂　仮に誰かが嘘をついていたとしても、その人は自分は本当のことを言っているんだと強く思っているんだと思います。自分にも経験がありますけど、嘘をつくときは、まわりだけでなく自分さえも騙していることがよくあります。最初は意図して嘘をつくんですけど、そのうちに記憶を入れ替えてしまうというか。そうしないと嘘をついていることに自分で耐えられなくなってしまうので、無意識にそうしてしまっているのかもしれません。どちらにしても第三者には判断が難しいです。

森　彼が法廷で多くの嘘を証言した背景は、検察との取り引きがあったのだろうとの見方があります。実際に一審判決は無期でした。他の信者たちの判決と比較すれば、あり得ないほどに軽い。ところが二審で死刑判決を受けたので、リムジン謀議も含めていくつかの証言を修正した。そう考えれば確かに辻褄が合います。

深山　井上さんは多くの事件に関与しているようですけど、そこはうまく立ち回ったようで、自分の手で直接人を殺したりしていないはずです。だから私は、死刑判決を受けていること自体が不思議でした。リムジン謀議の証言は、彼なりの計算で検察の言いなりになっていれば死刑を回避できるんじゃないかと考えていたのかもしれません。でも結果は逆で、あの証言をしたことで関与の薄いはずの地下鉄サリン事件で、主導的立場にあったと見られているように思います。裁判を見る限り、この事件に関わった人で麻原さんの直接指示を聞いているのは、亡くなった村井さんを除くと彼だけということになっていますから。ただ、関与が薄いといっても、サリン事件の全体の流れを把握していたような雰囲気もあるので、そこはよくわからないです。

森　地下鉄サリン事件の直後、戻ってきたマンションの一室でテレビニュースを見ながら井上が大喜びをしていて、横でそれを見ながら「何を考えているんだ」と思ったと林泰夫さんが話してくれました。ただ、井上を全面的に責めるつもりはない。死刑は怖いです。そこから逃れるためには何でもしようという気になっても不思議はない。あるいは早坂さんが言うように、自分の嘘を自分で信じ込んでしまうという現象も確かにある。

でも僕が面会した側近たちの多くが、自分は死刑になって当然のことをしたと死刑判決を受け入れるつもりでいたことに比べると、やはり人として、あるいは宗教者として井上は未熟すぎると思います。もしも麻原が自分の未熟さをわからせるために井上をかばったとしても、少なくとも彼はいまも、それをわかっていないと思います。

深山　お釈迦様の輪廻転生談について書かれた「ジャータカ」（本生経）と呼ばれる経典の一つに、「これは失敗だった」「これは意味がなかった」ということを悟るために生涯をかけた生の話がありました。いま生きているこの生しかないという見方をしていると、ムダとしか思えないことでも、その生の続きがあればどんなものであれ貴重な経験になり得ます。人が何かを悟るというのは本来、それだけ大変なことなんだと思います。

今回は井上さんに対してかなり辛辣なことを言ってしまいました。彼がまわりを振り回したり、陥れるようなことをしても、それも含めて自分のカルマとして受け止めることで黙認していたのが多くのサマナの反応でした。自分が人に対して過去にそういうことをしたカルマが返ってきているのだから、甘んじて受け入れなければいけないというふうにです。私もそう考えてなるべく黙ってきましたが、その姿勢が自分が大切にしていた場所を壊される一因になったり、真相解明を期待していたオウム裁判までおかしな方向に行ってしまった一因になっていたとしたら、本当に悩ましいところです。自分の立ち位置はそれでいいのか、これまでと同じ処し方でいいのかとか、彼はそういうことを真剣に考えさせてくれる人であるのは間違いないです。

夢に出てきた麻原

森　そろそろまとめます。深山さん、前にも聞いた話だけど、東日本大震災のときのエピソードを話してもらえますか。

深山　『A3』の文庫本の最後に載っているものですか。二〇一一年三月十日の朝、麻原さんが夢に出てきました。手にしていた地図には日本の海辺が描かれていて、そこにゴミがぽっぽっぽっと出てくるんです。そして「マチクが媚びてばかりいるからこんなに穢れてしまった」「だから洗い流さなければいけなくなった」というようなことを言われました。そこで目が覚めて、どうしていいかわからないくらい怖くなったんです。それで起きてからすぐに早坂に事情を話して、二人で東京拘置所に行きました。着いてから拘置所の周りをぐるぐる歩いて、「さっきの夢の意味は何だったんですか」と麻原さんに問いかけ続けたけれど答えはない。それでも歩いているうちに気持ちが落ち着いてきて、その日はそのまま家に帰りました。その次の日に東日本大震災が起きて、津波で大きな被害が出たということです。

森　『A3』文庫本にも書いたけれど、僕はこのエピソードを、もしも偶然でないのなら、深山さん自身が災害を予知したのだと思っています。麻原のイメージを借りて。……どちらにしてもかなりオカルトではあるけれど、そう考えるほうがまだ腑に落ちます。

深山　そこはよくわからないです。仮に予知能力があったとしたら、それを引き出してくれたのはグル、やっぱり麻原さんだったと思いますけど。

森　その可能性ももちろんある。前にも言ったように、僕は超能力的な力や現象はあって不思議はないというスタンスですから、頭ごなしに否定はしません。

深山　理解できないかもしれないけど、少し宗教的なところから話をしてみますね。カルマには、身、口、意、身の行い、言葉、意識というのがあります。例えばヴァジラヤーナのようなものを実践している人は当然、身の行い、身のカルマというのは汚れてしまいます。それは現実の世界に影響を与えるので、麻原さんのいまの状態がボロボロなのは、ある意味で理にかなっているというか、教えのとおりのことが起こっていると思います。では口のカルマ、心のカルマはどうかというと、そこは目に見えないのでよくわからない部分です。

でも麻原さんが夢に出てきてこんなふうに示唆を与えてくれたりすることを考えると、アストラルとかコーザルのレベルで必ずしも汚れに満ちているかどうかはわからない。行為としては確かに悪業になっているけど、それが言葉の悪業とか、心の悪業になっていないかもしれないとすると、エゴを背景とするものではなく、他を利するために行っている救済、そのためのヴァジラヤーナになっていた可能性もあるんじゃないか。そういう見方もできるのではないかと思っています。

森　……ごめんなさい。よくわからない。

深山　そうですよね。

森　少し意地悪な確認をします。震災が起きる前日の三月十日に麻原が夢に出てきた。手には地図を持っていて、日本の海辺が描かれていたと深山さんは説明したけれど、それが日本の海辺であると思ったのは、震災が起きて津波の被害があったことを知ってからの後づけではないですか。

深山　日本というのは夢の意識の中でそう思っていたことです。日本のどことというのはわかりませんでしたけど、海岸であること、海と陸が描かれていたことは認識していました。地図には海岸の線が描かれていて、海は右側に、陸は左側にありましたから。でもそのときは、津波が来るとはまったく思っていませんでした。

森　その後、麻原の夢は見ないんですか。

深山　出てくることはありますけど、三・一一のときのような衝撃的なものはないです。あとは夢というより、寝起きに聞こえてきた声というのもあります。そのときはマハームドラーについて考えていて、ネットで検索をしたりしながらいろいろと考えていました。でも結局、自分が求めているような答えは得られなかったのでそのまま寝たところ、次の日の朝に起きたとき、「マハームドラーとは空《くう》を悟るためにグルから弟子に与えられる技法である。空とは、この世のすべては幻影であり、実態がない。色即是空、空即是色、これらはすべて空のことである」という誰かの声がリフレインで何度も聞こえてきました。そのときはまだ眠りから覚めていない、半分寝ていた状態だったので言葉の意味もよく理解できず、とにかくメモだけして再び寝ました。それで起きたときにそのメモを見て、マハームドラーというのはこういうものだったと納得していました。

森　それも現世的に説明すれば、以前何かで読んだか聞いたかした記憶が、麻原の声を借りて夢の中で再現されたということになります。早坂さんも麻原さんの夢を見ますか。

早坂　ときどき見ます。忘れた頃に突然出てきたりしますけど、僕の場合はそこで示唆を受けるようなことはあまりないです。示唆的な夢を見るときはもっと直接的というか、そのときの現象の意味を象徴する事象であることが多いです。麻原さんが夢に出てくるときはたいていシチューエーションが過去に経験したものと違っていて、それでいてなにか強烈に懐かしさを感じていることが多いです。

深山　いつでもそうですけど、私にとっては不思議な体験の中身そのものより、それによって心がどのような影響を受けたのか、変化したかが重要です。津波の夢とそれに続く三・一一の出来事は、その数カ月後のＮＨＫの取材をお受けするきっかけになりました。あれがなければたぶんお断りしていました。マハームドラーの説明をしてくれた声も、それまでいくら考えてもわからなかったことが理解できるようになったから、強烈な印象として残っているんです。

麻原彰晃の魅力とは何か

森 二人は麻原が逮捕されたから脱会した。麻原あってのオウムだった。そう思っていいですか。

早坂 昔もいまもそうですけど、僕は自分から進んで宗教団体に入りたいと思ったことは一度もありません。それでもグルと認められる人がいたら、そういう人に素直に教えを請いたいと思っていました。今はもう麻原さんの新たな解説を聞くことはできませんが、自分が納得して受け入れてきたことはそのまま大事にしたいという気持ちはあります。もちろんその中には、ヴァジラヤーナの救済のようなものはないです。

森 二人が特別ではないことを僕は知っています。多くの信徒たちが麻原には格別な思慕を抱いていた。だからこそ社会は、……これは僕自身も含めて、なぜあんな薄汚いオヤジにそれほどの魅力があるのだろうと不思議になります。

深山 私が初めて見た麻原さんの本、『超能力「秘密の開発法」』に載っている写真を見たときには、やっぱりそう思いました。本の写真を見てなんか汚い人のように思ったんですけど、実際に会ったらイメージが変わっちゃって。

森　オウムへの団体規制法を所轄する公安調査庁は、……これをもっとストレートに表現すれば、オウムが今も危険であることが自分たちのレゾンデートル（存在意義）になっている公安調査庁は、アレフやひかりの輪＊に対して、いまだに麻原に帰依しているから危険であるとのレトリックを使います。それが事実であるかどうかはともかく、麻原に帰依することの何が危険なのかを、次に説明しなければいけないはずです。ところがそれはない。「麻原への帰依」が「危険であること」と等号関係になっている。それが前提なんです。それ以上は解明しない。でもそれはやはりおかしい。

深山　一時、私たちのように脱会して、どこの宗教団体や組織にも属さないでいる人を「一人オウム」と呼んで危険だと言っている人がいたようです。何が危険なのか、私にはいまだによくわからないです。

早坂　そこは自分たちにも原因がありました。例えばメディアから取材を受けたとき、麻原なんかもう関係ありませんと言えばまわりも安心したんでしょうけど、それをしてこなかったので。実際、オウムで多くのことを学ぶことができたし、その中にはいまでも役だっていることはあります。そこがオウムの魅力で、だからこそ人が集まっていたわけです。取材者もその部分が

＊ひかりの輪
アレフを脱退した上祐史浩氏を中心とする元信者たちがつくった団体。オウム真理教の後継団体ではないと主張している。

知りたくて話を聞きにきているのだから、そこはきちんと話さなければいけないと考えていました。だから丁寧に説明して、いまは是々非々で考えて共感しているところは共感しているけれど、共感できないところは昔もいまもまったく共感していないと説明しています。とくに凶悪事件を起こしたことは絶対に受け入れられないというふうにです。それで取材者はその場では納得してくれますが、それが記事や映像になるときには、後半の「凶悪事件を起こしたことは受け入れられない」の部分が切り取られてしまうことが多い。そのほうが面白いし、一般受けするからだと思いますが、だいたいいつもそんな感じです。

森　麻原の魅力をもう少し聞きたい。僕を説得してほしい。

早坂　説得する気がさらさらないからそれは難しいです。今は人に勧める気がまったくありません。自分自身のこと、オウムのことを振り返っても、大切にしていたもの、価値を認めていたものが壊れていく体験ばかりでしたから。

麻原さんの弟子になったら現世的に幸せになれるとか、金持ちになれるとか、もともとそういうものではないんです。むしろ彼をグルとしていることで、自分の生活や人生が破壊されていきました。もし他の誰かをグルにしていたら、時間はかかるけれど、もっと安全な道を歩くことができたのかもしれない。でも辛いと思ってきた体験もまた、すべて自分自身のカルマを因とするものです。それで輪廻転生の中でどうせいずれ経験しなければいけないなら、辛いことが多くなってもなるべく受け入れようと思ってきたわけです。もちろんその瞬間はものすごく苦しんだり大きな葛藤がありましたが、いろいろもがいているうちにほとんどのことは受け入れることができているという感じです。本当にその繰り返しですから、自分では受け入れられても、積極的に人に勧める気にはなれないわけです。

深山　魅力を敢えて言えば、麻原さんほど四無量心というものを、少なくとも私に対して与えてくれた人はいないと感じさせてくれたことでしょうか。四無量心については麻原さんが公判の冒頭陳述でも話していましたが、愛、哀れみ、賞賛、無頓着の四つの心の働きと説明されていました。オウムでは「自己の苦しみを喜びとし、他の苦しみを自己の苦しみとする」という言葉を毎日のように唱えていたこともありました。そういったことを絵空事ではなく、本当に実践していたと常に感じさせてくれていたので、それが私にとっての麻原さんの一番の魅力でした。

森　脱会した今も輪廻転生を信じていますか。

深山　子供の頃に訪ねたお寺に六道輪廻の絵があって、それを指しながら輪廻転生について住職さんがお話をしてくれたことがありました。輪廻転生があるというのはオウムに入信する前から思っていたことで、私がオウムをやめたからといって輪廻がなくなるわけがないと思っています。

早坂　逃走していた高橋克也さんが逮捕されたとき、取り調べ中に蓮華座を組んでいたことを理由にまだ洗脳が解けていないと言っている人がいました。蓮華座であれ、輪廻転生であれ、もともとオウム独自のものではないので、その座法をしていたり、それを信じていることで色づけをするのは変だと思います。そのうえであらためていまの質問に答えると、輪廻転生があると強く確信しているし、過去も未来も修行をして、輪廻の輪から脱することを目指すんだろうと思っています。ただ、過去の記憶が今生にすべて引き継がれていないように、未来もまたゼロの状態からやらなければいけないので、その途上で回り道をしたり、一時的に真逆の方向に行ったりすることもあるんだと思います。

いずれにしても、これがいまの自分の考え方です。それを強く自覚したきっかけがオウムだったので、世間から見れば「早坂はオウム」ということになるんでしょうけど、アレフの人たちの扱いは「下向した元サマナ」ということだと思います。どちらから見ても、自分たちからは遠い場所にいるように見えているんでしょう。そもそもオウムの独自の教えというのはほとんど存在していません。麻原さんが説いていた宗教的な教えのほとんどは、ベースに仏教やヨーガがあります。だから僕が価値を認めているのは、見方によっては仏教やヨーガであると言えなくもないです。でもそんなふうに言うと、仏教やヨーガをやっている人からは一緒にするなと反発されるでしょうから、そこは早坂教でいいです。深山は深山教です。価値観は共有しているけど異なる部分も多々ありますから。
ちょっと理屈っぽくなってしまいましたが、要するに僕にとってオウムは、一つの通過点でしかなくなっているということです。グルがいなくなった時点で、一人で歩いていかなければならなくなったわけですから。その後は仏教やヨーガに関するいろいろな本を読んだりしているし、宗教とまったく関係ないものにも当然触れています。その中で自分なりに取捨選択や判断をしながらいまに至っています。立場やスタンスによって程度の違いはかなりあると思いますけど、元オウムの人、それからアレフやひかりの輪の人たちも、たぶんみんなそんな感じだと思います。

深山　オウムが何かというのは難しいです。弟子の暴走もオウムの一つの側面だし、「麻原彰晃」だってオウムを構成しているひとつの要素です。無条件ですべて受け入れられるものではありません。好きなところも嫌いなところもあります。

森　オウムの後継団体については？

早坂　一生懸命やられていると思いますけど、惹かれるところはないし興味もないです。世間の評価では、ひかりの輪とアレフはオウムの思想や教義を引き継いだ後継団体になるでしょうが、組織は誰がトップになるかで目的や動きが変わります。宗教団体の動き方としてもオウムのときとまったく違うように見えます。どちらかの団体に属したいという気持ちはまったくないです。価値観を共有できる環境の中で安心感を得られるかもしれませんが、自分が望んでいるのと別の方向に行かざるを得ないこともよくあるでしょうから。

森　要するに二人は、オウムというよりも麻原教だと思う。

早坂　だからさっきも言いましたけど僕は早坂教です。仮に麻原さんからサリンを撒けと言われても撒けませんから。それは当時もいまもです。

森　例えばいまの生で死んで、その次の生でまたグルと会うとか、そういうことを願いますか。

深山　縁はあったんだと思います。来世も続いたらいいなと思うことはあるけど、これが続くとまた大変になるかなと思うこともあります。

早坂　そこは縁によって左右されるんだと思います。オウムの教義を評価しているのに入信しなかった人もいたし、その反対に教義的なことをまったく理解していないのに入信して出家までしていた人もいましたから。

森　……二人に訊きたいけれど、僕は麻原と縁があるのかな。

深山　それは当然あると思います。どういう縁で、それがどういうふうに未来に影響を与えていくのかはわからないけど。

森　麻原の魅力とは何か。どういう人物だったのか。それはオウムがなぜ地下鉄サリン事件を起こしたのかと合わせて、今回のインタビューのテーマのひとつなのだけど、やっぱりよくわからないんです。二人は今も解脱したいと思っている。そしてそれは、麻原がグルでないとダメなのですか。

深山　教えを聞く対象は麻原さんだけではないです。早坂も話したように、仏教やヨーガに関する本なんかを読みながら、もっと言えばニュースを見聞きしたり、日常生活でいろいろな人と接したりしながらいろいろな気づきを得ています。でも瞑想修行のようなものは別です。この人についていきたいと心から思えるグルがほかにいればOKなんですけど、残念ながら会ったことがない。先ほどの夢の話でもわかるとおり、アストラルで示唆を与えてくれるのは、いまのところ麻原さんしかいないわけです。

事件とどう向き合っているのか

森　オウムが、あるいは麻原が事件に関わったことは認めているのに、麻原がグルであるという思いは変わらない？

早坂　オウムの事件に関しては、僕らもすべて無条件に受け入れているわけではないです。最初はそれこそ、オウムが主体的にいろいろな凶悪事件を起こしたという事実さえ受け入れることができませんでした。本当にやったのかなという感じでした。

教団から出て、警察の取り調べを受けながら実行犯が自供したことを知って、その後は裁判の報道をずっと追いかけながらオウムがサリンを撒いた事実を受け入れました。でもそうなると今度は、なぜサリンを撒いたのかとの疑問が出てきた。『オウムはなぜ暴走したか。』という本を書きながら考えて、その後も裁判の報道を見たり読んだりしながら考えてきたけれど、出家生活のときと違って自分たちの生活を維持していかなければいけなかったので、そればかりに集中することはできませんでした。

ただ、本を出したこともあって新聞社やテレビ局の取材を受ける機会があって、それでオウムの価値観を知らない人にできるだけわかりやすく説明しながら事件を振り返る中で、これまで見えていなかったものがだんだん見えてきた感じです。オウムを出てからは教団と一切関わらなかったのでヒエラルキーの中にいるとできない見方というのもできるようになってきて、今日話したように、宗教的なところからこういうことだったのかなというのが自分の中でなんとなくまとまってきたのが五年前くらい。だいたい十五年くらいかかってますけど、今回またいろいろと気づくことがあったし、これで終わりという感じにはなかなかならないです。

森　深山さんは?

深山　本当に少しずつです。納得できていることもあれば、納得できていないこともあります。非暴力の姿勢を貫くダライラマ法王がグルだったらよかったのに、と思うときもあります。

森　早坂さん、さっきは自分はサリンを撒かないと言ったけれど、九五年のあの時点で、グルからの指示だと言われても、本当に断れますか。

早坂　断るかどうかはともかく、それが本当に麻原さんの指示なのか、そうだとするとなんのためにサリンを撒かなければいけないかを麻原さんに直接質問していたと思います。地下鉄サリンの実行犯の人たちは麻原さんから直接指示を受けていないけれど、内容が内容なので間接的な指示だけで軽々しく動けませんから。ただ、可能性として、オウムがつくったサリンに対する信頼がまったくなければ、麻原さんに直接確認しないでやることができたかもしれないという気はしました。

森　サリンに対する信頼？　意味がよくわからない。

早坂　サリンとは名ばかりで殺傷能力のないものだと確信していたら、安易に間接的な指示に従っていたかもしれないということです。

森　その感覚はよく聞きますね。林泰男さんも面会したとき、どうせサリンなどつくれっこないと思っていたと言っていました。

早坂　誤解されている人も多いと思いますが、そもそも自分から積極的にサリンを撒いて多くの人を殺したいと思っているような人は、実行犯も含めてオウムの中にほとんどいませんでした。意図がよく理解できないし、重大な結果につながるからできれば避けて通りたいけど、それでも修行上のなんらかの意味があると受け止めて、予想される結果のことはなるべく考えないようにして自分を鼓舞しながら突っ込んだということだと思います。仮に自分が関わっていたとしてもそんな感じなので、オウム製のサリンの効力に疑いを持っていたほうが心理的にはまだやりやすいと思ったわけです。困難なことを行うという修行上の課題が一応クリアできて、なおかつ無関係の人をたくさん死に至らしめるという望まない結果を回避できる可能性が高いわけですから。

もしかしたら最初にサリンを使った松本サリン事件のときは、そういう感覚で実行犯に加わった人もいたかもしれません。地下鉄サリン事件の場合も、実行犯はすべて入れ替わっているので、可能性としてはなくはないです。当時はとにかく秘密主義がすごかったので、松本サリン事件の実績が情報として引き継がれていなかったかもしれませんから。どちらにしても、もともと自分が望まないことなので、やっぱり曖昧な指示で自分がガスを撒くという状況は想像しにくいです。

深山　教団を壊すためにサリンを撒いたという見方は、NHKの取材を受けた後にたどり着いたものです。あの取材をきっかけにあらためて事件と向き合い、オウムにいた頃の麻原さんの言葉を振り返りながら当時は見えなかった意図が少しずつ見えてきたという感じでした。教団がまだ平穏だった頃は、死ぬまでそこにいるつもりでしたし、オウムが壊れることを受け入れられませんでした。

早坂　いくらグルの指示であっても、教団を壊すというのは躊躇なくできるものではないです。ましてや地下鉄にサリンを撒けば、オウムとまったく関係のない人たちに大きな危害を加えることになります。少なくとも僕の理解の中には、それを容認できる教義はなかったです。唯一あるとすれば、ヴァジラヤーナの救済ではなく、マハームドラーの修行ということになりますけど、やはりそれを受け入れる素養はそのときもいまも自分の中にはないと自覚しています。

こういうことを言うと事件に加担した人たちを追い込むことになるのであまり言いたくないけど、選択権は間違いなく弟子のほうにあったと思います。もちろん断ることで、重要なポストから外される可能性はあったでしょうけど。

深山　むしろ麻原さんから直接指示されれば、拒否しやすかったと思います。「どうだやってみるか」と言われて「できそうにないです」と答えたら「そうか」で終わってしまうような感じです。誰かが間に入ったことで、実行犯の人たちは気持ちがもっと追い込まれたのかもしれません。

森　いずれにしても、麻原の裁判は、本来ならやり直すべきです。

早坂　そこは違うというか、そういうふうには思えないです。心の中の問題というのは非常に難しいというか微妙で、裁判で明らかにするとか、明らかになるようなことではないので。ましてオウム裁判では、宗教団体の犯罪であるにもかかわらず教義的なものの検討がかなり雑になっていました。オウムの中の価値観や空気感を前提に話ができる場になっていないので、実行犯の人たちが率直な気持ちを話すのは難しいのではないかと考えているわけです。

自分の心の動きを丁寧に説明しようとすると多くの時間が必要になりますが、おそらくそれを許す雰囲気はまわりにないと思います。求められてきたのは、一般の人が理解できる範囲で手っ取り早く説明することです。それができる人もいればできない人もいるし、できる人でも宗教的な価値観がまったく理解できないという相手には細かいニュアンスまで伝えられません。そういう中で裁判を続けても、あまり意味がないように思えてしまうわけです。

森　でも真相は知りたいですよね？

早坂　それは当然そうです。ただ、僕は一連の事件に関わっていないので勝手なことが言えますけど、関わっている人からすれば不快というか、おまえは何もわかっていないと言われそうです。僕のまわりには、一連の事件のことを個人的にあらためて見直している人が何人かいますけど、そういうのは事件に直接関わった人にはあまり好ましいことではないようです。死刑囚のような重罪でない、刑期を終えて出てきている人から、自分たちはすべてグルの指示でやった、それでいいじゃないか、いまさら蒸し返しても仕方ないし、そんなことをする意味なんてまったくないじゃないかと言われた人もいます。そう言いたくなる気持ちはわからなくもないですけど、オウムの価値観で事件を検証できる人はなかなかいないし、自分が参加していた宗教団体が起こした問題ですから、今回のように中身を発信するかはともかく個人的な検証は続けていこうと考えています。

森　特に弟子の暴走のニュアンスに対しての反発は強いですね。『A3』に対しても、弁護士やジャーナリストたちが一緒になって抗議声明を出しました。あるいは執筆のための面会時にも、早川さんと岡崎さん、それと広瀬さんは、グルの言うことは絶対で自分たちが暴走なんかできるはずはないと反発しましたね。

早坂　弟子の暴走があったと認めてしまうと、その瞬間から弟子の責任が大きくなります。死刑囚の人はそれ以上罪が重くなることはないでしょうけど、自分の責任の度合いがいま以上にまわりから大きく評価されるのは嫌なんじゃないでしょうか。そこは自分だけの問題でなく家族にも大きな迷惑がかかることになりますから。でも彼らは修行者なので、表向きはともかく個人的には心の中で自問自答していると思います。人それぞれかもしれないけど、自分の行動がどういうふうに悪い結果に結びついたかをちゃんと考えているでしょう。自分のせいで人が死んだというのはすごく受け入れがたいことですが、そういうものと必死に戦っている人もいると思います。逆にすべてグルの指示だと考えることで、事件の責任を問われている自分の立場をかろうじて受け入れている人もいるかもしれませんけど、本当のところは本人にしかわかりません。

森　ナチス最後の戦犯と呼ばれたアドルフ・アイヒマンは、法廷でホロコーストに加担した理由を、「指示されたから」と言い続けた。確かにそれは一面の事実だと思う。でも一面です。ならばなぜ、多くのユダヤ人が殺害されることを知りながら指示を優先したのか。アイヒマンは特異点なのか。あるいは普通の人も同じように行動するのか。もっと掘り下げなければいけない。……これについては、裁判の後にミルグラム・テスト*などが行われ、普通の人も結果を知りながら指示に従ってしまうことがあると実証されています。オウムにおいても、例えばアカデミズムなどもっと違う位相から、いろんな角度の検証が為されるべきです。ところが萎縮してだれもやろうとしない。社会の反発を考えて。でもミルグラム・テストを主催したスタンフォード大学のスタンレー・ミルグラムに対しても、ユダヤ人を殺害したナチスを擁護するのかとのバッシングはすさまじかった。オウムにおいては、ミルグラムはまだ現れていない。

深山　富士山総本部道場ができた頃に仲のよかった女性の師から聞いた話ですけど、麻原さんが「いまグルが逮捕されたらどうする」と訊いたら、後に坂本弁護士一家失踪事件の実行犯になった一人が「交番を一つひとつ破壊します」と答えたそうです。傍で聞いていた彼女は呆れて、後で

＊ミルグラム・テスト
アイヒマン・テストともいう。米イェール大学の心理学者ミルグラムが、アイヒマン裁判の翌年、1962年に行った、権威者に従う心理状況の実験。

私に「こんなことを言っているのよ」と教えてくれました。そのとき麻原さんは「本当か」と言って笑っていたそうです。その場にいたサマナたちの多くは、そんなやりとりを聞きながら盛り上がって、グルが思うことを実行することこそがグルの意思なんだと思い込んだのかもしれません。だから後に実行してしまったんでしょうけど、途中でやめたとしても、麻原さんから罰を与えられることはなかったと思います。

森　グルの指示に背いたらとんでもない仕打ちにあうとオウムの信者は恐れていた。だから断れなかったと考える人も多いです。

早坂　そこは僕の知っているオウムの空気感と違います。グルの言うことに背いて殺されたという人を知りません。でも「恐ろしかった」と言っている人を全面的に否定する気はないです。同じ時代に同じ空間にいて大枠の価値観も共有していましたけど、細かいところまで一致していたわけではないし、見ているものも体験しているものも違いますから。

森　一連の犯罪において、初めにあった真島さんの死の場合は明らかに過失です。そして二人目の田口さん死亡の場合も、麻原の意思がどこまで働いていたのかよくわからない。

早坂　田口さんの事件に関する見立ては、先ほども話したとおりです。最初は殺す気などなかったでしょうけど、いろいろな綾があって、結果的にそういう方向に進んでしまったんじゃないかと思います。もちろんそれもヴァジラヤーナの教義があったことが背景にありますけど、それだけで説明できるほど単純なものではないです。

これはオウムの事件の特徴ですけど、麻原さんは目が見えないので実行犯として直接的に関与しているものは一つもありません。実行しているのはすべて弟子で、その人たちがどのように突き動かされたかが重要な部分になります。多くの人は殺人を肯定する教義があるから一線を越えてしまったと考えているようですけど、それで人を殺せる人はなかなかいないです。オウムでは一方で不殺生の教義もあったので、ハードルはむしろ一般の人以上に高かったと言えなくもないです。その壁を越えるのはかなりたいへんなことで、一概にどうこうということではなく、やはり個々人によって事情は異なると思います。でもそれは裁判で明らかになるようなものではないので、自分が得られる情報を頼りに推測するしかないと考えています。

オウムにおける「忖度」

森　今はすっかり有名な言葉になってしまったけれど、一連の犯罪において「忖度」はかなり重要な要素だと思っています。『A3』では教祖と側近たちとの相互作用の帰結として事件は起きた、と僕は書きました。ある意味で相互的な忖度です。その視点について、二人はどう思いますか。弟子はグルの意思を忖度し、グルは弟子の心情を慮る。麻原にどの程度の高圧性があったのか、僕はちょっと疑問です。

深山　麻原さんは強く指示を出すことがあるけど、相手が拒んでそれが何度か続くと言わなくなりました。宗教的信念からそういうスタンスを貫いていたんだと思います。

早坂　そういうときの弟子の気持ちとしては、見捨てられたような気がしてちょっと寂しく感じたりします。だから人によっては、多少無理に思えることでも断らずに指示に従うことがあったと思います。

深山　私は修行班の監督をやることが多くて、修行しているサマナたちがどんな状態かを逐一報告しなければなりませんでした。でも麻原さんと直接話をするのが嫌だった時期があります。

森　なぜですか。

深山　怖かったからです。そういうときは他の人にメモを渡して、代わりに報告してもらっていました。選挙が終わってしばらく過ぎた頃ですけど、そのときは村井さんにメモを渡していたら、麻原さんから「直接報告しなさい」と言われたと伝えられました。でもやっぱりできなくて、それからも村井さんにメモを渡していたら、説法で「グルが怖い、グルに近づきたくないというのは心の弱さだ」ということを言われました。タイミング的に私のことだとわかりましたが、それでもできなくて、村井さんに伝言を頼み続けていたら、麻原さんはそれ以上言うのを諦めて、村井さんは忙しいからということで、代わりの人を伝言役としてつけてくれました。

森　どうしてそんなに怖かったんですか。

深山　よくわからないけど、その頃から麻原さんが何かを決意していて、そういうただならぬ雰囲気を感じていたのかもしれません。本当によくわからないんです。ただ、その頃、「最近尊師と話をするのが怖いんだよ」と同じ空気を感じて話していた師がほかにもいました。

早坂　得体の知れない怖さのようなものは、僕も感じたことがありました。畏敬もあるけど、それとはちょっと違う、あまり近づき過ぎてはいけないというような感覚です。麻原さんもときどき、グルの考えていることはわからないだろう、私の頭の中は闇だからなあ、などと言っていました。それが何を指しているのかよくわかりませんでしたが、そこには自分は関わってはいけないという感覚が当時からなんとなくありました。

森　サリン事件が起きる二年前に中川智正さんは、「私のことをどう思う」と麻原に訊かれて、「言葉は悪いですが化けものだと思います」と答えたと教えてくれました。麻原は何も言わず微笑んでいたそうです。

深山　オウムの中ではグルと弟子の関係は一対一と言いましたが、建前ではなく、こちらがグルを意識していればグルもこちらを見ていてくれるという実感はいつもありました。ただ、近づきすぎると自分を壊されてしまうという感覚もあって。本当は壊されなければ修行は進まないんだけど。

早坂　心を開いて近づけば近づくほど、自分が壊されてしまうみたいな怖さがありました。それはこちらが望んでいることでもあるんだけど、実際にやられてしまうと簡単に受け入れられるものではないです。喩えて言うなら在家信徒のときに妻が亡くなった件のようなものです。あれがシヴァ神の祝福で、経験すれば修行が早く進むということであっても、そんなに続いたら困るし、とても受け止めきれそうにないです。

森　二人は今、麻原の底知れない権威について話しています。でもさっきは、弟子たちがグルの指示を断ることも頻繁にあったと教えてくれた。この二つの整合性が取れない。

深山　本当にグルの指示が絶対だったら、弟子の破戒は一切なくならないとおかしいです。実際にはありました。瞑想ステージが高いといっても相対的評価で、みんなまだ修行の途上です。言われたこと、決められたことを完璧にこなすのは簡単ではないです。

早坂　あくまで可能性ですけど、もし弟子たち全員がグルから言われたとおりのことを徹底して実践していたら、逆にオウムが事件を起こすようなことがなかったかもしれません。清浄の修行が淡々とできれば、個人の修行としてはそれで十分ですから。それが難しいからタントラヤーナとかヴァジラヤーナ的な手法を取り入れざるを得ないということを説法でも話していました。もちろん救済活動とか、麻原さん自身の修行という観点から考えると、また違った見方になってきますけど。

深山　教団を出てから、オウムを取材していた新聞社の方から、「自分は民主主義を叩き込まれたから、民主主義に反することは絶対に許せない、だから麻原を憎まないとダメなんだ」と言われことがあります。すごく驚いたと同時に、自分はオウムの中で自由にさせてもらっていたことにあらためて気づきました。麻原さんは絶対に、こうしなければダメなんだという言い方はしませんでした。こちらの意向を必ず聞いてくれました。そういうオウムの中の空気感とか雰囲気を知らない人には、いくら当時のことを丁寧に話してもなかなか伝わらないだろうと思いました。

森　その記者だけではなく、一般の感覚からすれば、やはり理解できないです。もちろん僕も。ただ僕は撮影や取材で長くオウムに接してきたから、宗教の本質と社会が結局は調和しないことは、ある程度は理解しているつもりです。宗教は危険です。結局のところ既成の宗教の多くは、その危険な本質を隠しているとの見方もできる。事件後に複数の宗教学者は、「オウムはパンドラの箱を開けた」的な言い方をよくしていました。つまり開ける気になれば誰もが開けることができたけれど、それまでは誰も開けようとはしなかったとの意味ですね。

二人の話を聞いていると、結局はオウムの事件には実在としての主犯がいないような気がしてくる。

深山　主犯がいないという点に関しては、そういう可能性もあるのかもしれません。

森　絶対的な悪の代名詞のようなナチスのホロコーストやクメール・ルージュの虐殺にしても、実は明確な主犯はいない。ヒトラーやポルポトがどの程度に強圧的な指示を下していたのか、それを示す証拠は何もない。アジア太平洋戦争も、組織の頂点にいたはずの天皇からの強い指示はなかったとの見方が定説になっている。オウムの犯罪の背景にあった互いの忖度は、これらすべての事例にも働いていたような気がします。明確な悪はいない。強いて言うならば、ハンナ・アーレントがアイヒマンに対して指摘した「凡庸であるがゆえに発現した悪」です。でもこの見立ては、二人には申し訳ないけれど、麻原もまた凡庸な存在だったとの前提が必要になります。僕はそう思っているけれど。

早坂　その場にいなかったので確信を持って言うことができませんが、場の雰囲気として忖度があったとしてもおかしくないです。ただ、それで全体として進む方向が偶然決まったということは考えられないです。そこはやっぱりそちらに向かわせる意図的な仕掛けのようなものがあったと考えています。

森　その場合は、仕掛けたのは麻原であるとの論理ですね。

早坂　すべての事件を麻原さんが主体的に仕掛けたとは思いません。中には弟子の暴走だけで起こった事件もあったと思います。それにしても誘発する雰囲気をつくったのは間違いなく麻原さんです。そこは『オウムはなぜ暴走したか。』でも書きましたけど、麻原さんが大きな役割を果たしていたという見方は今も変わってないです。

深山　一九九三年頃にあった説法で、麻原さんが「突っ込め」という神々の声が聞こえると言ったことがありました。そのときは「突っ込め」というのが何のことかわからなかったけど、後から考えたらサリン事件のようなもののことだったのかなと感じることがあります。

オウムは麻原の修行、実験だったのか

森　「神々の声が聞こえる」と言ったと聞いて、多くの人は神々の声を麻原は大義に利用したと思いたくなるけれど、おそらく麻原は神々の声を本当に聞いていたのではないかと僕は思う。もちろん、主観的には、ですよ。彼は主観的に聞こえると思っていた。あるいは信じていた。

早坂　そう思います。正しいかどうかはともかく、なにかしら聞こえていたと思います。

森　麻原自身が麻原教の一番の信者だった。

深山　そう思います。いつも宗教的価値観に従ってものを考えて、宗教的な生き方を徹底して貫いていましたから。私がまだ在家だった頃に参加したセミナーには、パイロット・ババという、一時期麻原さんがグルにしていたインドの修行者を招いていました。そのパイロット・ババに対する麻原さんの礼拝の仕方というのが、ものすごく心を打たれるもので、本当に心を込めて

ひざまづいていた姿を覚えています。宗教というものに対して絶対に手を抜くことがなかった人でした。

早坂　これも世の中の人が大きく誤解しているところだと思いますけど、オウムにおける麻原さんは崇められる存在であると同時に手本でもあるんです。それがグルの役割。弟子に対して手本として振る舞い、宗教的実践者としての生き方を見せなければいけない。僕らもそういう対象として麻原さんを見ていて、それに十分応えてくれていたからついていきました。もちろん中には、手本としての価値を見出せなくなって途中でオウムから去っていく人もいたようですけど。

深山　そうした光景をずっと見ていたから、自分はグルになれないと思っています。自分には到底無理という感じです。

早坂　それは僕も同じで、グルになりたいと思わないし、なろうとも思いません。自分にはとても務まりそうにないですから。

森　麻原は教団の信者たちを使って、自分の修行をしていた、あるいは実験をしていたとは考えられないですか。

深山　そういう言い方もできると思います。たぶん救済と言っていたのは、言い方を変えれば麻原さん自身の修行でもあったと言えると思います。私たちの魂の本質である真我*というのは水

＊真我
意識の最も深い内側にある個の根源。インド発祥の宗教における「アートマン」と同義。
84ページ参照。

滴と同じだと言っていました。その一滴一滴が合わさって一つになっていくのが修行の最終目標です。オウムのシヴァ大神は、解脱して高い状態に到達した魂の集合体と定義されていました。だから他の魂を救済するのは自分自身を救済するのと同じことで、弟子に対しても、もっと言えば世の中の人たちに対しても、そういう感覚で接しようとしたんじゃないかと思います。

早坂　そこはもう一般的な感覚では理解不能だと思います。だから麻原さんがどういう人かと聞かれたとき、最近は「狂人」という言い方をしています。宗教的な意味での狂人で、自分の宗教的価値観を貫いてしまった人という意味です。ある程度価値観が共有できているオウムという枠の中なら問題はまだ少ないですけど、その枠を出て社会の中で同じ価値観を貫こうとすれば軋轢が大きくなります。その結果がまさしくオウム事件なんだと思います。

深山　現代はカーリー・ユガ*とか末法とか言われている時代ですけど、人々の意識がこれまでにないくらい物質的になり、宗教的なものから最も遠くなっている時代というのが麻原さんの認識でした。その時代の中で魂の救済をどう行うかという試行錯誤をしていた節もあるので、ある意味で実験だったというのは本当にそうかもしれません。

早坂　オウムの修行法を見ると、伝統的なものと新しい試みが混在していました。外から見ると変なものばかりという印象だったかもしれませんが、新しい試み

＊カーリー・ユガ
悪徳の時代。インド哲学では四つの時期が循環すると考えられているが、その四つめの時期。

もたいてい伝統的な修行法の考え方がベースになっていたと思います。それで新しい試みをするときには、麻原さん自身が最初に試していたことが多かった。温熱*も最初は麻原さん一人がやっていて、効果とか危険性とかいったことをある程度確認してから弟子たちにやらせていたわけです。ヘッドギアで知られているPSI*も、最初は麻原さん一人が行って、それから弟子たちにやらせるようになりました。意外に思ったのは、LSDを使った修行も自分で試していたこと。それを最初にやったかどうかまでは知りませんが、自分がやったときはこうだったと直接聞かされて、ああこれはやっぱり修行として位置づけているんだと納得させられました。

森　LSDを修行に導入した理由がまったくわからない。

早坂　イニシエーションとして受けているほうは、違法な薬物という自覚はほとんどなかったと思います。僕が受けたときには、自分のつたない知識でなんとなくLSDじゃないかと推測して、そのことを麻原さんに直接聞いていました。そのときの答えは「単なるLSDではない」というちょっと曖昧なものでした。

＊温熱
熱い風呂（46℃～50℃）に入りながら温かい飲み物を飲み、体の外側と内側から温めて体温を上げる修行法。当初はガンなどの病の治療法としても使われていた。教団内で日常的に行われるようになってからは多くの死亡事故が起こっている。

＊PSI
「パーフェクト・サルベーション・イニシエーション」の略。麻原の瞑想時の脳波を電気信号に変えて、ヘッドギアを通して信者の脳に刺激を与えて同調をはかろうとした。

森　「キリストのイニシエーション」と言っていた。でもやっぱり、法に触れるとかの次元ではなくて、宗教者が幻覚剤を使ってはダメだと思う。

早坂　僕もその頃は、これは本当にまずいと思っていました。サマナだけでなく在家信徒にもイニシエーションとして行うようになったときには、本当にもうダメじゃないかと。一九九四年の夏頃です。このままいくとオウムはどこかで破綻するかもしれないと真剣に心配していました。

深山　後で考えると、麻原さんはオウムを潰すつもりでいたから、最後にいろいろな体験をさせたいと思っていたのかもしれません。イニシエーションといっても、それまでとはまったく違う薬物を利用したものでしたけど、そこでなにかしら体験させることで、いま見えていることだけが真実でないということを理解し、これ以降に起こる試練を乗り越えてほしいという思いがあったのではないかと感じることがあります。

早坂　どちらにしても在家の信徒にまで薬物を使えば、そのことが必ず世間に伝わります。非合法なものを公然と行うのはものすごくリスクが大きいので、なにか大きな問題が起こるだろうと思っていたわけです。一方でその頃のそういう不穏な動きは一時的なもので、そのうちに昔の平和な時代の教団に戻るのだろうという期待もありました。そう望んでいた人はけっこういたんじゃないかと思います。でも希望的観測だったようで、見事に外れました。

森　そうかなあ。最後にいろいろな体験をさせたいからＬＳＤを使ったとの見方は、さすがに納得できない。だってそれは、体内に入れた化学物質によって生じる脳内のバグですよ。

深山　脳内バグと言ってしまえばそれまでですけど、そのイニシエーションでそれまで経験できなかった高い世界を経験したり、それをきっかけに意識が大きく変わった人がたくさんいたのでそう考えています。何でもかんでも体験がありさえすればいいということではなくて、意識が変わるような高い世界を経験できるように、みんな日頃から積極的に善業を積んだり、なるべく悪業を積まないように努力していたりしていたわけです。それまではこういうものを瞑想修行で体験させていましたが、自分を極限まで追い込んだりしないとなかなかできないのでやっぱり時間がかかります。だから手っ取り早く体験させるために薬物を使ったということなんでしょうけど、それはやっぱり禁じ手なので、教団がなくなってしまうことを想定して覚悟していないとできることではないです。

森　中川智正さんは面会したときに、サリン事件の直前に麻原から「教団は潰れる」「自分は弟子のいないところで死ぬ」と言っていたと話してくれました。彼は麻原さんの主治医的ポジションで法皇内庁長官でもあったから、最も近い距離にいた側近の一人です。

早坂　近くでけっこう本音を聞いているんじゃないかと思います。麻原さんはときどき、冗談っぽいような言い方で核心的なことを言ったりしていました。その時点では、受け取る側が受け入れられずに、そんなことないだろうと勝手に否定していることもよくあったようです。今になって考えれば理解できるというものは自分の場合もあります。

省庁制が暴走の始まりだったのか

森　省庁制の導入が過ちの始まりだったと指摘する人もいます。

早坂　省庁制の導入は、オウムの組織化を強化する動きと見ることができます。でもオウムはグルとすべての弟子が一対一の関係なので、組織化を進めることには無理がありました。宗教団体として活動して、組織を大きくしていかないと活動は広がっていきませんが、もともとそういうものに合わない宗教だったと思います。だからある段階で全部壊さざるを得なかったのかもしれないと考えています。

森　省庁制にしたことで、オウムは疑似国家をつくろうとしたと見られたし、裁判でもオウムの野望を示す重要な要件になりました。僕もそう思います。野党がなぜシャドウ・キャビネットをつくるのか。政権奪取のリアリティを党員や議員たちに示すと同時に、社会にアピールしたいからです。

早坂　省庁制は誰が言い出したものかわかりませんけど、そこも意図的な誘導があったと思います。世間から大きく誤解されることがわかっていたのに、敢えてやったような感じもしています。

森　弟子の中に疑似国家をつくりたかった人たちもいたということですか。

早坂　いたと思います。教団でアフリカに行ったとき、ケニアの空港で乗り継ぎ待ちをしました。かなり長い時間だったので、麻原さんは同行していた翻訳担当の弟子を呼んでノストラダムスの予言の解読を行っていました。僕はその場から離れていたのですが、いきなり名前を呼ばれて傍に行ったら、おまえはオウムが天下を取ったら何をやりたいかと聞かれました。たぶんノストラダムスの予言の中に、オウムが日本の中心になると解釈できる話があったんでしょう。でも僕はその話を聞いていなかったので意味がわからず戸惑っていたら、その場にいた弟子の名前をあげて、○○は総理大臣をやりたいという、○○は法務大臣をやりたいと、おまえはどうだとあらためて聞かれました。そういう現世的なことはもういいと思って、咄嗟に宗教活動がしたいと答えました。

森　麻原は何と？

早坂　「そうか、お坊さんになりたいのか、わかった」と言いました。あのとき別の答え方をしていたら、その後の人生は変わっていたんじゃないかと、ときどき思うことがあります。省庁制度の中で、希望した役割を果たしながら、末期の時代のカオスに強烈に巻き込まれていたかもしれません。

森　麻原が意図して導入したのか、あるいは弟子から進言があったのでやらせたのか、そこはわからない。破防法の弁明で麻原は、教団内において自分の権威はもうほとんどない、省庁制を導入してから弟子たちは自分の言うことを聞かなくなった、ということを言っています。もちろんこれを額面どおりに受け取るつもりはないけれど、省庁制によって麻原と弟子の一対一の関係が崩れ、弟子の暴走に拍車がかかったことは確かです。

早坂　そもそも省庁制度を導入したのは麻原さんです。まわりが強く主張することで、そこまで言うならやってみなさいと簡単に受け入れることはありましたけど、どちらにしても決定権は麻原さんにしかありませんでした。その省庁制度の中では、各省の大臣がいて、その人が一応、命令系統のトップだということになっていました。その省庁が何をするか決める権限も各大臣に与えられていました。そう言いながら麻原さんだけはその建前を覆してサマナに直接指示を与えたりすることができたし、実際にやっていたと思います。これはオウムの伝統というか、昔からそういう傾向がありましたけど、指示待ち人間が多いので、麻原さんが積極的に関わらないと活動がなかなか進まないというのがありましたから。

深山　私がいた労働省では、どんなワークをするかまで、省内で話し合って決めていた時期もありました。労働省は事件にまったく関わっていない部署だったので特別かもしれません。そういう雰囲気が事件に関わっていたすべての省に当てはまるかはわかりませんけど、省内で決めたことをいちいち麻原さんに報告して承認をもらっていたということは、ほとんどなかったと思います。

そういう雰囲気ですから、やっていることは麻原さんの意思に沿っているというより、大臣のやりたいことが中心になっていった印象がありました。ただ、そこは麻原さんも完全に放棄していたわけではなかったと思います。前もって電話があって、「何かあったら大臣は通さずに私に直接報告しなさい」と言われたりしましたから。後から思えば、何らかの予防線のようなものを張っていたようですけど、そうだとしても弟子が暴走しやすい状況がつくられていたのは確かです。

森　井上を諜報省のトップにしたことは大きな失敗だったと思う。

深山　それは井上さんに願望があったからその役割を与えたんだと思います。当時、偽造した免許証を井上さんから見せられたことがありました。すごく嬉しそうで、「スパイ大作戦」で見るようなことをやってはしゃいでいたように見えました。

森　深山さんは麻原が弟子の暴走をある意味で黙認したと言ったけど、その見方は早坂さんも同じですか。

早坂　そこは以前と基本的に変わっていません。現象として起こっている事件そのものは、必ずしも麻原さんの明確な指示があったとは限らないし、弟子の暴走によって起こっているものもあると考えています。でも誘発しているのは明らかに麻原さん。そこには様々な仕掛けがあっただろうし、それに乗った弟子たちが突っ込んでいった結果起こったのが一連の事件だったという見方です。

森　暴走するように麻原が仕向けたということですね。

早坂　簡単に言うとそういうことです。そう考えた根拠は省庁制度と、その頃に煽られたスパイ騒動*の二つです。オウムの中では科学班のように徹底した秘密主義で動いているパートがもともとあったけど、省庁制度で縦割りがひどくなったうえに、スパイ騒動で横のつながりが絶たれて、本当に風通しが悪くなりました。どこかでおかしいことが行われても気づきにくいし、たとえ気づいてもネガティブなことを言うとスパイにされてしまいかねないので、末期の頃は組織の自浄能力がまったく働かない状態だったと思います。

その一方で、米軍からの毒ガス攻撃という話で危機感を煽っているわけですから、見えない外敵と向き合うワークをしていた一部の人たちの間では気持ちがどんどん盛り上がっていたと思います。ブレーキがかかるどころか、どんどんアクセルが踏まれているわけですから、

＊スパイ騒動
教団の活動を妨害したり、否定的なことを言う者をスパイとして摘発する動き。地下鉄サリン事件の前年の1994年から行われ、スパイチェックと称して嘘発見器や薬物が使われたという。

なにかきっかけがあれば弟子たちが簡単に暴走していったでしょう。地下鉄サリン事件にしても、そういう構図で起こっている可能性を完全には捨て切れていないです。村井さんが亡くなっていることもありますが、麻原さんの直接的な指示の痕跡がなくて、裁判でも検察はどう立証するかでかなり困っていたように見えましたから。

深山　地下鉄サリン事件の直前、一九九五年の一月から二月にかけて、麻原さんは食事会を開いて何度も説法を行っていました。そのときの説法でヴァジラヤーナについて説いていましたが、ヴァジラヤーナの修行をやることが解脱への早道としつつ、ヴァジラヤーナをやるためには厳しい条件が必要になると常に言っていました。自分の中にエゴがあってはポアにはならない。自分のエゴは完全に滅して、他に対する利他心というか、四無量心が背景になければならない。あるいは、まだ道途上であるならば、グルに対する徹底的な帰依がなければならないと。私は一部の弟子たちが誤解するのをわかっていたうえで、敢えて話していたような気がしています。

早坂　麻原さんがヴァジラヤーナの話をするときには、そういう条件の部分を必ず説いていました。でも自分はヴァジラヤーナができると思った人は、その部分はあまり見なかったのかもしれません。いくつかある条件のうち、自分はここをクリアしているからやるのにふさわしい魂であるというふうに受け止めていたかもしれません。あるいはそういうヴァジラヤーナの教義を背景にしていたわけではなく、マハームドラーの修行として受け止めて敢えて突っ込んでいったということなのかもしれません。そこは本人しかわからないことだと思いますけど、心情としては後者のほうがまだ理解できるというか納得できます。

深山　その頃の食事会の説法を読み返してみると、グルに言われたことをそのままやる、無心の帰依というのが早く成就するんだ、あるいは救済にもつながるということを言っている説法もありました。地下鉄サリン事件のときには、教団の中にそういうことを弟子がやろうという雰囲気はできていたと思います。でも実際には、グルからの直接指示がなかった。それでも又聞きでも、グルからの指示に違いないと思ったから撒いてしまったんだろうと思います。

森　サリン事件も含めて一連の非合法行為を行ったとき、麻原は指示をしていたと思いますか。

深山　よくわかりません。推測で話せと言ったら、地下鉄サリン事件に関しては村井さんに指示をしていたんじゃないかという気がしています。そこは相手を意図的に選んでいたのではないかと思います。他の事件に関しては細かく検討していないのでよくわからないです。指示したものもあったでしょうし、そうでないものもあったかもしれないと考えています。

結びとして　宗教リテラシーからオウムを考える

森　もしも生まれ変わったらどうしますか。これは仮定の質問だけど、二人にとって生まれ変わりは仮定ではなくて現実ですね。

深山　二度と同じことを繰り返さないと言えば、この本を読む人たちも安心できると思いますが……。

早坂　今生で生まれたときの状態に戻って、もう一度人生をやり直しても、たぶん同じ選択をしていると思います。それが自分のカルマというか、その制約を受けている限りは同じことを繰り返す。だから生まれ変わったらグルや宗教を変えるかどうかというより、自分自身のカルマを変えて、もっと王道的な修行ができるようにしたいというのはあります。人を傷つけたり殺したりしなくてもいいようなところで修行ができるように。

森　教団がなくなってしまったことはどう総括しますか。

早坂　オウムでは、この世の中のすべては無常であり、それゆえ苦しみの因になると教えていました。そこが最もベースにある考え方です。まさしくそのとおりだったというのが総括です。

そのことを教えていた場所でさえ無常で、最高だと思っていた状態があっという間に崩れていきましたから。

森　要するに無常。オウムというより仏教の神髄ですね。

深山　そういう考え方をベースに、世の中の人に受け入れられる形の活動ができていたら、多くの人の利益になっていたかもしれないと思うことはあります。私の母親は認知症になりましたけど、カルマの法則から認知症になる原因を考えて、因となるものと向き合う生活をしていたらある程度防げていた。サリンを撒くとかそういうことではなくて、チベットのように日本の社会をもっと仏教的なものにできていたら、病気や犯罪などがだいぶなくなるんじゃないかと考えることがあります。

森　あんな事件を起こしていなければ、今は宗教組織としてはそれなりに大きい教団になっていたはずです。信徒が数十万人規模とか。ならばもっと多くの人に教えを広めることができた。ところが結果として、深山さんが言うような宗教的な社会から、日本はオウムによってさらに遠ざかってしまった。事件を起こした理由は個々の信者の修行を進めるためだとさっき説明されたけれど、それはやっぱり詭弁に聞こえる。個々の信者の修行を進めることと、一人でも多くの人を救済することのどちらの優先順位が高いかと言えば、答えは明らかですよ。

深山　麻原さんの説法を読み返してみると、社会の価値観を変えたかったという考えがあったと思います。それは正攻法でもある程度できたかもしれないけど、あまりに弟子たちが未熟すぎたというか、新しい価値観で生きていこうとする人たちを引っ張っていけるだけの力がないので、方向転換をせざるを得なかったのかもしれません。突然、混乱状態になったので仕方がないのかもしれませんけど、教団ですら麻原さんがいなくなった途端に教えも修行もどこかにいってしまったりするわけですから。その後のことはよく知りませんけど、立て直すことができていたとしても、グル不在の状態が続いているので、いずれどこかで限界がくるのは目に見えています。そういうことをある程度予測したうえで、麻原さんは最もいいと思える方向にいくように、あのタイミングで壊すしかないと考えたんじゃないかと思います。

森　確かにオウムによって日本社会は変わったけれど、それはより悪い方向です。例えばいまの世界を見れば、イスラム過激派のテロをきっかけにして危機意識が高まり、独裁的な政権が支持される傾向が強まり、差別やヘイトが広がっている。同じことをオウムは、世界のどこよりも早く、日本社会に仕掛けたわけです。

早坂　一面的に見たらそうかもしれないけど、一方でそれをよしとしない人もいます。実際、森さんはそういう世の中の変化に疑問を呈しています。誰にということではなくて、そこは試されているんだと思います。なにかおかしいと感じることができれば、そこからいろいろと考えることができるし、知恵が磨かれる。もちろんそれを目的にオウムが事件を起こしたと言っているわけではありません。現象が悪化したり壊れたりすることは、決して悪いことばかりではないというのが、これまでの人生を振り返って学んだことです。僕らは魂の修行ととらえているけど、一般の人にわかりやすく言えば、人として社会として成熟していくためには、むしろそういうことがある程度あったほうがいいのではないかと、最近は思うようになりました。

ありきたりの日常が続いているときはなにも変わらないけれど、非日常的なことが起こったことをきっかけに、人はいろいろ考え始めます。それは達観した悟りのようなものであるかもしれないし、逆に大切なものが壊れていくことへの怒りとか悲しみとか恐怖とか、一見すると成熟とは真逆に見えるものかもしれません。どちらであろうと日常の中ではなかなか出てこないものですから。

深山　森さんは全体として悪いほうに行っていると言いましたが、差別やヘイトなんかは昔からあるもので、ネット社会になって目につきやすくなっているということではないでしょうか。私は昔に比べていいと思えることもよく見かけるようになったという印象があります。例えば最近は神社とかお寺で、心の込った丁寧なお参りをしている人をよく見かけるようになりました。たぶん震災とか津波とかいろいろと経験したからだと思いますけど、思いやりを持って人に接している人も増えているように見えます。少なくともバブルのときのような極端な享楽的雰囲気というのは、あまり見かけることがなくなりました。

森　ランチを食べに京都や北海道まで行くという社会状況はもう起きないでしょうね。

早坂　やっぱり東日本大震災のようなことが起これば、その瞬間に考えやものの見方が変わる人が多いんじゃないかと思います。そのときだけかもしれないけど、そういう経験があるとないとでは、考え方や人間としての深みのようなものが全然違います。

オウムの中ではいつも非日常をつくっていたと言いましたが、それが弟子たちに対する麻原さんの救済の手法のひとつだったのではないかと、最近は思っています。それは必ずしも自分や自分の教団にとって現世的にプラスになることではないけれど、修行上はプラスがあると判断してやったのかもしれません。もちろんそれを最後に世の中に対して行ったことについては、余計なお世話というか迷惑な話でしかないので、本当はこういう場所であまり言いたくはないです。

深山　いまの話はオウムや日本ではなく、チベットを例にしたほうが話しやすいです。チベットは仏教を拠りどころにして素晴らしい社会をつくっていて、本当にうらやましいと思っていました。それを中国が解放を名目に壊してしまった。それは不幸と言えば不幸なことですけど、魂の修行を行っている人には最高のことという見方もできます。無常の意味を実体験を通じて心から学ぶことができるからです。それからもう一つ、社会が壊れたのをきっかけにお坊さんたちが国外に避難して、その人たちが様々な国で活動することでチベットの秘技が世界に広まりました。安定していた状態が壊れていくのは辛いことですけど、そのときに起こったことをつぶさに見てみると、多くの魂に利益を与えている素晴らしい一面もあるというふうに見ることができるわけです。

そうはいっても私はチベットは大好きなので、できれば中国の支配から早く解放されたらいいと思っているのですが……。

早坂 チベットとオウムを同列に考えているわけではないです。ただ、あの事件をきっかけに、僕らは良くも悪くもそれまでとは違うことを真剣に考えるようになりました。程度に差はありますが、それはオウムの人たち以外もおそらく同じだったような気がしています。

森 ひとつのきっかけであることは同意します。でも、みんなが真剣に考えるようになったとは僕には思えない。特に日本では、カルトが狂信的宗教集団とほぼイコールだけど、カルトのそもそもの意味は集団の熱狂です。でもオウム以降、カルトという言葉が、とても安易に使われるようになった。言い換えれば、宗教リテラシーが後退してしまった。

早坂 『A3』の文庫本の最後のところでも言いましたが、オウムに対して日本の社会はもっと冷静に対応してくれたらよかったと思っています。日本の社会にとってオウムは受け入れがたいものだったでしょうけど、だから何でもかんでもやっていいということではないと思います。すべてが特殊というか特別で、オウムへの対応は異例づくしになっていました。特に驚いたのは、麻原さんの子どもたちに義務教育を受けることさえ許さなかったことです。麻原さんやオウムを前にしたとき、日本の社会は非常に心をかき乱されて、自分たちがつくったはずのルールさえ守れなくなっていたように見えました。

もしも日本の社会が、メディアや法廷も含めて、オウムに対してもっと冷静に粛々と対応していたら、麻原彰晃やオウムの完全な負けで、あの事件以降に教団が存続する余地はまったくなかったと思います。でも結果として社会の側が冷静さを失ったことで、麻原さんの思うつぼになっている感じがしています。結局、この社会は自分たちのつくったルールさえ守れない未熟な社会で、それは救済すべき対象なんだという見方を許しているからです。そのことで麻原さんが始めたオウムの救済物語を終わらせることができなくなっているように見えます。

森　……いずれにしても、麻原は処刑される。

早坂　それはあまり触れたくないことですけど、最終的には受け入れなければいけないと考えています。オウムはこの社会で生きていくうえで必要な最低限のルールさえ破ってしまいました。関与の形はわかりませんけど、この結果を導いた責任は麻原さんにあるのは間違いないです。でも麻原さんが処刑されてもアレフは間違いなく残ると思います。

深山　それも麻原さんが神格化される形で。オウムがサリンを撒いたとかそういうのは別にして、世の中の対応がひどければひどいほど麻原さんは殉教者になるわけですから。グルは弟子たちのカルマのみならず、世の中のカルマのすべてを一身に受けるために身を投じたというふうになるかもしれません。

森　ナザレのイエスと背景は似てきますね。ただしイエスは社会に牙を剝かなかったけれど。

深山　オウム真理教という教団がさまざまな事件を起こした背景には、それが救済だと信じていた心の働きがあったことは間違いないです。世間から見れば受け入れがたいものですが、それがあるとないとでは大違いで、アレフの活動次第では後世の評価が変えられてしまう可能性を感じることがあります。でも心の働きとしてはもうひとつ、それとはまったく逆の攻撃性も存在していたことは否定できないと思っています。多くのサマナは普段穏やかでのんびりしていましたが、心の奥底に攻撃性が存在していたので、自分たちが唯一無二と信じている教えと修行空間を守るために、阻害しようとしてくる人たちに対して攻撃的になってしまったのだと思います。

こういった攻撃性は、残念ながら誰でも持っています。オウム事件のときはその攻撃性が社会のほうにも伝染ってしまって、オウムへの対応で異例づくしのことが起こってしまったのかもしれません。

それが麻原さんの仕掛けかどうかはともかく、どんな形であれ一度表に引き出された攻撃性は、ブレーキが利きにくくなっている部分があると思います。そしてそれが形や対象を変えながら、いまも続いている感じがしています。このままいくと自分と考え方が違う人、生き方が違う人に対する攻撃性によって、そのうちに大きな戦いのようなものが起こらないとも限りません。そうなったらまた「尊師の予言どおり」という解釈がまかり通ってしまうことになりかねません。オウムと同じ道を進まないためにも、どこかで立ち止まって、これまでのことを冷静に見つめ直す必要があるんじゃないかと思っています。

解説

エリカ・バッフェリ
（マンチェスター大学教授）

オウムからの声：元信者たちと彼らの体験

いまのわたしの意見では、悪はけっして「根源的」ではなく、ただ極端なのです。つまり、それは深遠さも、デモーニッシュな次元も持っていないのです。それは茸のように表面にはびこりわたるからこそ、全世界を廃墟にしうるのです。わたしが申し上げたように、それは「思考にとって解決のない挑戦」なのです。というのも、思考はある程度の深さまで到達しよう、根源まで遡ろうと試みるからです。そして、それが悪とかかわる瞬間、思考は挫折します。なぜなら、そこには何もないからです。その意味で、悪は思考を不可能にするのです。それが悪の「凡庸さ」です。

「イェルサレムのアイヒマン――ゲルショム・ショーレム／ハンナ・アーレント往復書簡」
（矢野久美子訳、『現代思想』一九九七年七月号、七七頁）

オウムの元信者たちにインタビューを始めた十年ほど前、私はメディアと新宗教に関わるプロジェクトに取り組んでいて、元信者たちがソーシャルメディアを利用して交流し、あるいは信者自身や教団の新たなイメージを普及させようとしていることに関心をもっていた。しかし何人もの元信者たちにインタビューを続けながら、いつしか私の関心は、教団から信者の内面へと移行し始めた。入信を決めた理由や事件に対する心情など個々の信者たちの内面の話を、じっくりと聴くことが多くなった。

彼らへのインタビューは、車の中や喫茶店、レストラン、通りを歩きながら、あるいは教団の道場など、さまざまな場所で行われた。回を重ねるうちに、少しずつ興味深い様相が浮かび上がるようになってきた。多くの信者たちは、オウムに入信した動機や、一九九五年以降も教団に残った（あるいは教団を去った）理由、さらには教団が犯した暴力行為を自分がどのように受け入れたか、などを語ってくれた。また一方で、教団での日常生活や交友関係、修行などについても話してくれた。さらに、その中の何人かは、より個人的な辛い心の内を吐露し、家族との決別や社会からの疎外感、あるいは今もまだ社会に〝適応〟できない感情といったものについて語ってくれた。

オウム真理教については、日本だけではなく他の言語圏においても、多くの宗教学者やジャーナリスト、テロリズムの研究者などによって、数々の論文や書籍などが発表されてきた。その中のいくつかには、ヨガ集団として出発した小さな教団が暴力犯罪に関わる終末論的な運動へと転換していったプロセスについて、実に優れた洞察を提示している。なかでも、島薗進教授（現・上智大学）の著作、最近では井上順孝教授（國學院大學）と宗教情報リサーチセンターのチームによる著作、森達也監督による著作とドキュメンタリー映画、イアン・リーダー教授（マンチェスター大学）による調査と出版物などは、オウム真理教と事件を考察するうえで、とても注目すべきものである。残念ながら他の出版物の多くは、研究者である私の視点からは評価できない。いたずらに誇張した戯画的な表現で教団とその活動を描くことに終始したり、冷血で残虐なグルとこれに盲従する意思の弱い信者など単純な構図を強調したりすることによって、教団に対する社会の不安や恐怖を煽ってモラル・パニックを生む引き金となると同時に、オウムについての固定観念を強化する役割を果たすばかりだった。

ただし事件以降、複数の信者たちもオウムでの生活について回想録を出版し、オウムについての彼らの〝真実〟を主張してきた。これらの回想録には非常に興味深い話が載っており、教団内に働いていた力学と信者たちの日常生活を（覗き見的だが）垣間見ることができる。しかし、こうした回想録のほとんどは、教団（あるいは一九九九年以後にオウムから分派した二教団のうちのひとつ）の幹部だった信者や、重罪で告発された信者たちによって書かれたものである。つまり一般的な信者とは少し違う。こうした声は他の信者たちの声や複雑な全体像に影を落としがちである。

本書で森監督は、事件には関わっていない一般信者でありながら麻原の傍にいた深山と早坂の声を聞いた。二人が繰り返し述べるように、オウムにおける修行や教え、そして麻原についての解釈は、信者一人ひとりによって微妙に違う。これは（私が知っている）他の信者たちも同様だ。同じ時期に教団で暮らしていた信者同士でさえ、オウムや麻原についてのイメージは、個々でまったく違っていたと思われる。そしてこれは、メディアがオウムを伝えるときに（イメージが固定化できなくなるので）欠落させてしまう最大の要素でもある。

なぜ信者によってイメージは違うのか。修行は個別に行われていたからだ。

厳格な修行を積んだ幹部信者によって徹底的に管理された日常。非常に体系化された教団内の規律や生活。……メディアはこうしたイメージを強調するが、信者たちの話や記述から浮かび上がるオウムの実相は（少し風変わりではあるが）、管理や体系化という意味ではまったく未成熟であることを示している。支部道場にいる信者の体験は各道場を管理する一人の信者（あるいは信者たち）によって影響されるが、その信者が別の施設に移れば、体験も大きく変わるだろう。

グルである麻原のイメージについても、これまで多くの信者や元信者に、私はインタビューを行ってきた。一部の元信者は麻原について、「信者たちに精神的圧力をかけてくる」「常に遠い存在」「冷血な指導者」などと表現し、ほかの多くは、「信者の話をよく聴いてくれる」「思いやりのある指導者」などと述べている。一部の信者は、「状況次第で麻原は冷淡で無慈悲にもなるし、優しく思いやりもあるグルになる」と評している。また、「指導者であると同時に、弟子の何人かにうまく操作されていた」などと証言した信者もいた。

一般に多くの元信者は「洗脳」という考えに批判的で、自分は自発的に教団に入った（とどまり続けた）と主張している。その一方で、特に地下鉄サリン事件が起きた一九九五年以降は、それまで以上に教団を去ることが難しかったとも認めている。教団からの管理や圧力が強くなったということではない。家族や友人とのつながりを断って出家した多くの信者には、このときに行き場がなかったのである。教団に長くいればいるほど外部社会との溝は深まり、慣れ親しんだ空間や生活、ヒエラルキーとの決別は難しくなった。そしてこのギャップこそが、オウム事件がいまだ日本社会に大きな後遺症を残している要因の一つであると私は考えている。

もうひとつの大事なポイントは、信者と予言についての関係である。

宗教指導者の予言が外れた事実を目の前にしながら信者たちが信仰を捨てない理由については、フェスティンガー、リーケン、シャクター*1などの宗教社会学者が、認知的不協和の理論を発展させながら、信者たちの心理状態を「信仰を捨てて過ちを認めるよりも、社会との不協和（ディタッチメント）に耐えるほうが困難であると考える」と説明している。このことは、何人かのオウム元信者によっても確認されているように思う。彼らは、自分たちが〝エリート〟でなかったことを認めることに長いあいだ苦しんだと説明する。また、他の研究分野からは、適応策として例えば、自分と同じような不協和な状態にある他人を見つけることで協和できるかもしれないといった考えも提案されている。

特にキリスト教圏において、(黙示録の予言によって正当化されたと信じ込みながら)暴力行為に関与した新宗教運動の信者に対する調査と研究は、まだほとんど手つかずのままだ。多くの信者たちは、一部の信者が行った暴力行為に必ずしも直接、関わったわけではないが、指導者と一部の信者が犯罪行為を行ったという証拠を目の前に突き付けられたときですら(完全に拒絶しないまでも)教団をやめようとはしなかった。同様にオウム元信者の多くは、今は教団をやめていたとしても、社会と不協和な暮らしをまだ続けていることだろう。出家の際に家族や教団以外の友人たちと関係を断った彼らは、教団での教えや体験したことに対して完全に打ち勝つこともできないまま、前の生活に戻ることもできない状態だ。

オウム事件の後遺症については、教団と社会との間の力学に関する議論のほか、信者(や元信者)を巡るこの不協和などの要素も含まれるべきだと私は考える。一部のオウム信者による暴力犯罪の発覚は、日本中に大きな衝撃を与え、多くの人々の心にトラウマとして残された。このトラウマを体験したのはオウム信者も同様で、その多くは教団の下部にいた信者たちだった。彼らは犯罪に加担したわけでもないのに、ある日突然メディアから標的にされ、社会から注目を浴びることになった。その結果として彼らはきわめて不安定な精神状態に追い込まれたが、こうした事実が公の場で議論されることは皆無だった。

なぜならこの事実を受け入れることは、これまでのオウム事件の解釈を支配してきた被害者VS.加害者という単純な二分法を、より複雑にしてしまうからだ。日本社会はこれを望まなかった。メディアも単純な構図を強調し続けた。その結果として麻原とその信奉者たちは〝絶対的な悪〟と〝操られた信者〟の位置に置かれ、オウム信者たちは〝他の誰か〟や〝別の誰か〟として描かれることが前提になった。ここで強調される要素は、彼らオウムの信者たちは、〝我々〟とは違う存在であるとのイメージだ。

こうして事件後も信者の側と社会の側それぞれで遠ざかろうとする力が働き、分断が進み、宙に浮いた信者たちはオウムから完全な離脱ができなくなった。彼らにとって、オウムにおける自分の体験を家族や以前の友人に話すことは（彼らとの関係がよほど円滑でないかぎり）簡単なことではないし、もちろん知り合ったばかりの人に相談もできない。

結局のところ彼らの主な相談相手は、元信者たちに限られてしまう。こうして事件以降も、社会との隔絶や交流不能が進行する。これについての私の考えは、森達也監督のドキュメンタリー映画「A」の一場面を借りて説明することができる。当時はオウム真理教の広報担当だった若い荒木浩がカメラを真っ直ぐ見つめて、ちゃんと記録してもらいたいと森監督に語りかけるシーンだ。

なぜならオウムには記録するという習慣がないと彼は続ける。そして、仮に信者たちが自分たちの活動を記録していたとしても、一般の人たちがそれを信用することはないだろうとも述べている。さらに、普通の人たちに、見聞きできるものを、見て、聞いて、理解してほしいと荒木は付け加えた。つまり、ちゃんと見える人に見てもらいたい、と。この言葉は、オウム信者と外部社会との間の交流不能という前述の考えを、とても明確に提示している。

地下鉄サリン事件後、オウムはメディアの市場拡大に利用された。新宗教が使ったと思われる洗脳療法についての話をメディアは流布し、オウム独特の修行と教えを過度におどろおどろしく報道した。信者の日常活動も（食事から修行に至るまで）メディアの取材対象とされ、先例のない奇妙で異様な集団として描写された。

当初、オウム自身はメディアに協力することが、自分たちを攻撃する者たちへの説明やイメージアップに役立つと考えていたようだ。事件直後からオウムの幹部たちは頻繁に記者会見を開き、取材に応じ、犯罪への関与を否定した。自分たちの正当性を主張するために、無数の出版物やビデオを教団直営のショップなどで販売し、麻原の説法や教えを録音したテープなどを制作した。しかしそこには、料理や掃除をしたり、笑ったり、お喋りしたり、といった信者の日常は含まれていない。こうしたものを記録するという発想がなかったのだ。だからメディアによる派手な見出しのスキャンダル記事は注目されるけれど、オウム側の反論や弁明はほぼ黙殺され、あるいは嘘だと決めつけられた（実際に嘘もあった）。こうして事件後に残っていた信者たちは社会とのコミュニケーションを諦め、オウムでの生活を体験しなかった者にはわからない思考を内向きに強めるばかりだった。

それでも何年か経つうちに、元信者の一部は過去のトラウマから解放され、麻原の教えや修行にも距離を置くようになっていた。しかしそんな彼らにインタビューをしながら、〝違う〟という感情を彼らはまだ引きずっているとの印象を、私は何度も持った。これは信者たち自身の中で、〝他人化〟――社会に対してオウムとその信者を〝他〟の何かと見なすこと――が進んでいるということだろう。この内在化した〝他人化〟作用は、逆の意味で言えば、「信者たちは選ばれたエリート集団である」という選民思想を追認する可能性がある。

イアン・リーダー教授が論文“In the aftermath of Aum Shinrikyo:lessons learned from the Japanese response”[*2]で詳しく説明しているように、オウム信者に対して〝洗脳された〟というレッテルを張るやりかたは、アメリカ同時多発テロ以降にメディアやアカデミズムの領域で広く流布された〝過激思想〟についての議論に似ている。〝洗脳〟や〝マインドコントロール〟といったレッテルは、一般的には逸脱した破壊的な運動を想起させる〝カルト〟という言葉と結びつけられる。特に社会のエリート集団は、信者たちの異常な行動は洗脳によって操作・管理されることで誘発されたと規定する傾向が強い。こうして〝カルト〟と〝過激思想〟のイメージは危険であるとの前提で一体化し、外部の監視と介入が当然なこととして求められる。

〝洗脳〟や〝マインドコントロール〟などの言葉はマスメディアで広く使われ、〝カルト〟問題を扱った書籍に特集され、また皮肉なことに、宗教集団が自分たちを〝危険な集団でない〟ことを特徴づけるためにも利用されている。〝我々は（洗脳された）オウムとは違うよ〟と。

ある集団が犯罪行為を起こした理由は、「邪悪なグルによって〝ラジカル化〟されて、自分たちの意思に反して暴力行為を行うように仕向けられたからだ」との仮説を立てたところで、現代社会の複雑な暴力メカニズムを理解するためにはまったく役立たない。同様に、オウム信者に対して〝洗脳された〟、〝マインドコントロールされた〟というレッテルを張っても、一九九〇年代の日本の若者たち（それほど若くない人たちも含めて）が、なぜ麻原の教えに魅了されたかを理解する助けにはならないのである。

我々は、オウム信者の声をもっと注意深く聴き、オウムでの暮らしを綴った彼らの記述の背後にある意味を理解すべきだと、私は強く思う。特に、麻原が信者の一部に霊的な体験をさせたという話を我々は不快な思いで聞くだろうが、こういうときこそ拒絶してはならない。彼らに奇妙で残酷な人々という烙印を押して他者化すべきではない。なぜ一部の信者は教団で過ごした頃をいまだに懐かしむのか、教団内部のさまざまな犯罪行為や暴力行為を何となくは知りながらも修行を優先した理由は何か、などについて考察して理解するほうが、より建設的で事件解明をアシストすると私は思う。

こうした思考の積み重ねが、教団内部の力学と、信者・指導者間の、また信者同士間の複雑に積み上げられた力関係を解明する。被害者、（元）信者、さらに一般の人々が今、オウムをどのように思い出し、これらの話をどのように共有、再構築し、彼らが互いにどのように影響し合うかを調査することは、極めて重大である。これを怠る限り、被害者や（元）信者ばかりでなく日本社会そのものも、一九九五年の出来事に幕を閉じることは難しいだろう。（佐藤貞子 訳）

＊1 Leon Festinger, Henry W. Riecken, & Stanley Schachter, *When Prophecy Fails: A Social and Psychological Study of a Modern Group that Predicted the Distruction of the World,*（1956年、日本語版『予言がはずれるとき―この世の破滅を予知した現代のある集団を解明する』1995）

＊2 http://www.radicalisationresearch.org/debate/reader-2012-aftermath-2/

あとがき

この本の「はじめに」で僕は、オウムを「信者の視点から描く」ことの難しさに言及した。批判めいたことも書いた。少々勢い込んでいた。でも鼎談を終えてゲラの修正作業も終盤に差しかかった今、自分もその難しさを実感している。

鼎談でもくりかえし語っているが、死と生の価値を転換してしまう装置であるからこそ、信仰は社会にとっては時として、とても危険な側面を垣間見せる。それは歴史が証明している。でも自分が（一人称として）死ぬことを知ってしまった人類は、信仰と袂を分かつことはできない。天国や地獄（つまり宗教）のない世界と国境のない世界を想像しようとジョン・レノンは提案したけれど、もしも実現の可能性があるのなら、それは国境のない世界のほうだろう。僕たちが人であるかぎり、どれほどに科学が進歩しようと、宗教のない世界の実現は不可能だ。

ここまでを読みながら、自分は特定の信仰など持っていないとあなたは言うかもしれない。わかっている。日本人はむしろ信仰を持たない人が多数派だ。でもそんなあなたでも、お寺や墓苑に行ったときは、きっと思わず手を合わせてしまうはずだ。手を合わせることはしなくても、何かしら厳粛な気持ちになるはずだ。神社の神殿の前に立ったときは、願い事を心のうちでつぶやいているはずだ。

人は弱い。不完全だ。俗世に生きる有限の存在であるからこそ、誰もが聖なる完全な存在を求めてしまう。そして過ちをくりかえす。

つまりオウムについて考えることは、人の根源について考えることでもある。

カメラを手に初めてオウムの施設に入ったとき、自分が何を考えていたかを正確に思い出すことはできない。当初は仕事の延長であったがゆえに、それなりの高揚や倦怠はあったかもしれない。でも逆に言えばその程度だ。転機はむしろ、テレビという業界に帰属し続けるためにオウムを撮ることをあきらめるか、業界から排除されて一人になって撮影を続けるかの決断を迫られたときだった。

結果として僕は一人になることを決断した。いや、決断はかっこよすぎる。生来の優柔不断だったから、結論を先延ばしにしているうちに引き際を見失ってしまったとの見方のほうが正確だ。

でもとにかく一人になった。組織から排除され、社会からは宙吊りになり、ただ撮り続けた。

オウムの真実を撮るとか人々に伝えるとか、少なくともそんな高邁な志や崇高な意思が理由ではない。ただ撮りたかった。発表の場がどうなるかもわからない。発表のことなど考えていなかったのかもしれない。撮りながら自分の中で何かが変わり続けているような気がしていた。その予感だけが撮り続ける理由だった。要するにエゴだ。制作や発表の回路を与えてくれたのは、孤立無援の環境で一人だけプロデューサーとして手を差し伸べてくれた安岡卓治だ。もしも彼に出会っていなければ、『A』は完成しなかった可能性が高い。

オウムについての二回目の転機は、二〇〇四年二月二十七日、元オウム真理教の教祖である麻原彰晃被告に一審判決が下された東京地裁一〇四号法廷だ。この頃の僕は、自分が映像表現行為従事者であることを、(今思えば)過剰に意識していた。発表した『A』と『A2』の動員が(世界を呪いたくなるほどに)少なかったから、その意識が余計に硬直していたのかもしれない。撮影が禁じられている法廷を傍聴する気にはならなかった。だって僕はジャーナリストではない。そこは自分の場所ではないと思っていた。

でも初めて法廷の傍聴席に座り、そして自分が目にした光景に驚いた。その光景をずっと目撃し続けながら、違和感を持たない識者やジャーナリストやメディア関係者に驚いた。

こうして「A3」が誕生する。

いろいろ悩んだけれど、この本のタイトルには「A4」を冠した。順番から言えばそうなる。多くの人がこの問題に今と同様に関心を持たないのなら、いずれ麻原は処刑される。そしてそのとき、自分はどこにいて何をしているのか。時おり想像する。そして絶望する。

多忙な仕事を抱えているのに解説を書いてくれたエリカ・バッフェリ教授に感謝。この本を提案して背中を押し続けてくれた妻にも感謝。そして何よりも、ここまで読み終えてくれたあなたに感謝。ありがとう。絶望しながらも抗い続けます。（森達也）

二〇一七年十月

森達也（もり・たつや）
一九五六年、広島県呉市生まれ。映画監督、作家。明治大学情報コミュニケーション学部特任教授。九八年、ドキュメンタリー映画「A」を公開、ベルリン映画祭に正式招待。「A2」では山形国際ドキュメンタリー映画祭で特別賞・市民賞を受賞。二〇一一年、『A3』（集英社インターナショナル）で講談社ノンフィクション賞受賞。著書に『放送禁止歌』（知恵の森文庫）、『死刑』（角川文庫）、『僕のお父さんは東電の社員です』（現代書館）、『チャンキ』（新潮社）、他多数。

深山織枝（みやま・おりえ）
オウム真理教の元信者。前身の「オウム神仙の会」時代の一九八六年に入会、翌87年に出家。88年に独房修行を経て当時の中堅幹部の「大師」になる。省庁制度下では「労働省次官」を務めた。95年の地下鉄サリン事件後に脱会。二〇一二年NHKスペシャル『未解決事件 file.02 オウム真理教』におけるドラマ編の女性主人公のモデルになった。

早坂武禮（はやさか・たけのり）
オウム真理教の元信者。一九八九年に入信、二年後の91年に出家。翌92年に中堅幹部の「正師」（当時）になり、「広報局長」「自治省次官」などを務めた。95年の地下鉄サリン事件後に脱会。著書に教団内での体験を綴った『オウムはなぜ暴走したか。』（一九九八年ぶんか社）がある。

A4または麻原《あさはら》・オウムへの新《あら》たな視点《してん》

二〇一七年十一月二十日　第一版第一刷発行

著　者　森達也・深山織枝・早坂武禮
発行者　菊地泰博
発行所　株式会社現代書館
東京都千代田区飯田橋三-二-五
郵便番号　102-0072
電　話　03（3221）1321
F A X　03（3262）5906
振　替　00120-3-83725
組　版　具羅夢
印刷所　平河工業社（本文）
東光印刷所（カバー・帯）
製本所　鶴亀製本
装　幀　大森裕二

校正協力・高梨恵一
© 2017 MORI Tatsuya/MIYAMA Orie/HAYASAKA Noritake
Printed in Japan ISBN978-4-7684-5821-1
定価はカバーに表示してあります。乱丁・落丁本はおとりかえいたします。
http://www.gendaishokan.co.jp/

本書の一部あるいは全部を無断で利用（コピー等）することは、著作権法上の例外を除き禁じられています。但し、視覚障害その他の理由で活字のままでこの本を利用できない人のために、営利を目的とする場合を除き「録音図書」「点字図書」「拡大写本」の製作を認めます。その際は事前に当社までご連絡ください。
また、活字で利用できない方でテキストデータをご希望の方はご住所・お名前・お電話番号をご明記の上、左下の請求券を当社までお送りください。

活字で利用できない方のための
テキストデータ請求券
『A4または麻原・オウムへの新たな視点』

現代書館

森 達也 著
「A」撮影日誌
オウム施設で過ごした13カ月
オウム広報副部長荒木浩を中心に施設内部を記録したドキュメンタリー映画「A」の撮影日誌。外からのマスコミ報道では知られざるオウム内部の映像は驚きと新鮮さに溢れ、ベルリン映画祭、山形国際ドキュメンタリー映画祭等で話題をさらう。

2000円＋税

森 達也・安岡卓治 著
A2
オウム広報部荒木浩を軸にした内部からのドキュメンタリー映画の話題作「A」に続く第2弾「A2」。地域住民やマスコミのバッシングを受けるオウム信者の日常生活や地域住民との交流の姿を通して、何故にオウムに留まるのかに迫る。

1700円＋税

毎日新聞社会部 編
オウム「教祖」法廷全記録
第1巻～第8巻
松元智津夫被告の一審裁判は、七年十カ月で判決が下された。二五七回の公判の詳報と教団の動向、他の幹部被告の求刑・判決や教団をめぐる社会の反応など、毎日新聞社会部が取材した全記録。宗教活動を考える上での貴重な資料。（2巻のみ2800円＋税）
3000円＋税

森 達也・青木 理 著
森達也・青木理の反メディア論
メディアが病めば社会も病む。権力からの独立と言論の自由に支えられ、発信する情報は民主主義の食糧である。今、最大使命の権力監視機能を健全に行使しているとは思えない。三日間に亘った公安・死刑などこの二人にしか語れない闇談義。

1700円＋税

池上 彰・森 達也 著
池上彰・森達也のこれだけは知っておきたいマスコミの大問題
初めての顔合わせによる待望の対談がついに実現！ あの池上彰に、タブーなしの気鋭のドキュメンタリー映画監督の森達也が迫る。選挙報道で政治家たちをなで斬りにする「池上無双」に森が対立覚悟で持論を展開！ 白熱のメディア討論。

1400円＋税

山折哲雄 著
宗教の行方
戦後50年、経済成長による物質的欲望を謳歌し続けた日本人は精神的支柱を失い、オウム事件を前に何ら思索するすべもない。本書は21世紀に向けて、益々関心が高まるであろう宗教の可能性を、日本人論をからめながら縦横無尽に論究する。

2000円＋税

定価は二〇一七年十一月一日現在のものです。